CB131736

CERVEJA
FEITA EM CASA

CERVEJA FEITA EM CASA

Tudo sobre os ingredientes, os equipamentos e as técnicas para produzir a bebida em vários estilos

Greg Hughes

PUBLIFOLHA

DK | Penguin Random House

Título original: *Home brew beer*

Publicado originalmente na Grã-Bretanha em 2013 pela Dorling Kindersley, uma empresa da Penguin Random House, 80 Strand, WC2R 0RL, Londres, Inglaterra.

Copyright © 2013 Dorling Kindersley Limited.
Copyright © 2016 Publifolha Editora Ltda.

Todos os direitos reservados. Nenhuma parte desta obra pode ser reproduzida, arquivada ou transmitida de nenhuma forma ou por nenhum meio sem a permissão expressa e por escrito da Publifolha Editora Ltda.

Proibida a comercialização fora do território brasileiro.

Coordenação do projeto: Publifolha
Editora-assistente: Fabiana Grazioli Medina
Produtora gráfica: Samantha R. Monteiro

Produção editorial: Página Viva
Coordenação: Carlos Tranjan
Tradução: Rosane Albert
Preparação: Ricardo Marques
Consultoria: Luiz Antonio Caropreso
Editoração eletrônica: Priscylla Cabral
Revisão: Beatriz Chaves, Paula B. P. Mendes

Edição original: DK Londres
Editor sênior: Bob Bridle
Editora de arte sênior: Heather Matthews
Gerente editorial: Dawn Henderson
Gerente de arte: Christine Keilty
Editor de capas: Nicola Powling
Assistente de arte de capa: Rosie Levine
Pré-produção: Sarah Isle
Gerentes de produção: Jen Scothern, Oliver Jeffreys
Publisher: Peggy Vance
Diretor de arte: Peter Luff

DK Índia
Editor: Kokila Manchanda
Diretor de arte: Anchal Kaushal
Assistente de edição de arte: Tanya Mehrotra
Gerente editorial: Alicia Ingty
Gerente de arte: Navidita Thapa
Gerente de produção: Pankaj Sharma
Gerente de pré-produção: Sunil Sharma
Diagramação: Umesh Singh Rawat, Arvind Kumar
Fotografia: Tony Briscoe, Ian O'Leary

Dados Internacionais de Catalogação na Publicação (CIP)
(Câmara Brasileira do Livro, SP, Brasil)

Hughes, Greg
Cerveja feita em casa : tudo sobre os ingredientes, os equipamentos e as técnicas para produzir a bebida em vários estilos / Greg Hughes ; [tradução Rosane Albert]. – São Paulo : Publifolha, 2014.

Título original: Home brew beer.
ISBN 978-85-7914-533-9

1. Cerveja 2. Cerveja - Guias, manuais etc. 3. Cerveja - História 4. Cervejas - Processos de fabricação I. Título.

14-01767 CDD-641.23

Índices para catálogo sistemático:
1. Cervejas : Bebidas : Guias 641.23

5ª reimp. da 1ª ed. de 2014

Este livro segue as regras do Acordo Ortográfico da Língua Portuguesa (1990), em vigor desde 1º de janeiro de 2009.

Impresso na China.

PUBLIFOLHA
Divisão de Publicações do Grupo Folha
Al. Barão de Limeira, 401, 6º andar
CEP 01202-900, São Paulo, SP
www.publifolha.com.br

UM MUNDO DE IDEIAS
www.dk.com

NOTA DO EDITOR

Apesar de todos os cuidados tomados na elaboração das receitas deste livro, a Dorling Kindersley não se responsabiliza por erros ou omissões decorrentes da preparação das receitas.

Pessoas com restrições alimentares devem consultar um médico especialista sobre os ingredientes de cada receita antes de prepará-la.

As fotos podem conter acompanhamentos ou ingredientes meramente ilustrativos.

Sumário

Prefácio

Sem dúvida, produzir a própria cerveja e degustar o resultado desse trabalho é um dos prazeres mais gratificantes que existem.

Minha carreira na indústria cervejeira surgiu de um grande interesse na produção caseira. Ainda garoto, eu era fascinado por tudo o que estivesse relacionado a cerveja e fermentação – talvez incentivado pelas histórias sobre meu avô (que nunca conheci), que era mestre-cervejeiro. Quando viajava de carro com minha família, registrava todos os pubs pelos quais passávamos, anotando os nomes das cervejas que enfeitavam cada letreiro. Quando comecei a produzir minha cerveja, tentei recriar aquelas marcas, aperfeiçoando as receitas para que ficassem o mais próximo possível das originais. A cada produção, aprendia novas técnicas e fazia ajustes. E cometia erros também – certamente este livro teria me ajudado a evitá-los –, se bem que até erros podem ter resultados interessantes. Minha primeira cerveja dourada, por exemplo, resultou do fato de, por mero esquecimento, não ter adicionado malte cristal numa receita de ale mais escura.

Hoje sou tão fascinado por isso quanto o era 33 anos atrás, quando produzi meu primeiro lote. Ao preparar sua cerveja, seja usando extrato de malte ou outros métodos

mais complexos, você terá a mesma sensação, em especial quando chegar a hora da verdade e – tendo esperado pacientemente que fermentasse, maturasse e ficasse pronta para o consumo – puder enfim provar sua criação.

Produzir sua cerveja em casa é relativamente simples e muito gratificante. Se for rigoroso com a limpeza e com o controle de temperatura e usar ingredientes frescos, você será capaz de fazer uma cerveja tão boa – quando não melhor – quanto as produzidas por cervejeiros profissionais. Você pode até tentar recriar cervejas esquecidas e tipos que já não são produzidos comercialmente. Mas, sem dúvida, com tanta variedade de lúpulo, malte e levedura disponível hoje, as possibilidades de experimentar diversos sabores são infinitas.

Minha carreira sempre foi guiada pelo simples prazer de produzir cervejas especiais e bem-feitas. Espero que este livro o ajude a se sentir tão realizado com a arte de fazer cerveja quanto eu me sinto.

Sempre sedento,
Keith Bott

Presidente da Society of Independent Brewers

Introdução

Se você curte beber cerveja, produzi-la em casa certamente pode se tornar seu passatempo perfeito. Você não só desfrutará da satisfação de fabricar sua própria receita como também será capaz de criar o tipo que quiser – e até mesmo aqueles menos acessíveis no mercado.

DIVERTIDO, FRUGAL E AGRADÁVEL

Fazer cerveja em casa é relativamente fácil e pode sair bem mais barato do que comprá-la nas lojas especializadas. O mais provável é que você queira aproveitar qualquer dinheiro economizado para, por exemplo, adquirir novos equipamentos – e, às vezes, pode até extrapolar o orçamento, mas isso não é nada mau para um hobby tão gratificante. Além de ter boa relação custo-benefício, a produção caseira é um interesse particularmente generoso, já que há sempre amostras suficientes para oferecer aos amigos. Na verdade, é provável que você produza bem mais cerveja do que consegue beber – portanto, quanto mais gente melhor!

PRINCÍPIOS DA PRODUÇÃO CASEIRA

Produzir cerveja com um kit não é muito mais difícil do que preparar uma refeição – e o resultado pode ser impressionante. Sem muita confusão, você pode fabricar, fermentar e envasar uma cerveja surpreendentemente gostosa. Muitos cervejeiros artesanais se contentam com isso, mas, se você está lendo este livro, talvez busque algo mais. É com prazer que informo que, com um pouco de dedicação, não é tão difícil produzir cervejas de nível profissional e sob medida.

PRODUÇÃO COM EXTRATO DE MALTE

O próximo passo na produção caseira é fazer cerveja com extrato de malte. Trata-se de um processo relativamente simples, que requer o mínimo de equipamentos, mas que permite experimentar uma variedade maior de ingredientes, sempre ganhando confiança para avançar. A satisfação de seguir uma receita e criar uma cerveja usando ingredientes *in natura* influencia muito o produto final. Usar lúpulo fresco, por exemplo, faz uma diferença incrível na qualidade da cerveja.

PARA APERFEIÇOAR SUAS HABILIDADES

Mais cedo ou mais tarde, porém, você vai querer se aventurar no método all-grain (ou full-mash) – o ápice da produção caseira. Há uma arte nesse método que exige mais tempo, pesquisa e prática, e você deve considerá-la como um desafio constante. Se aprimorar suas habilidades, sua cerveja também continuará a progredir. E, tão importante quanto isso, você será capaz de obter bons resultados sempre e produzir exatamente o tipo de cerveja que pretendia no início.

QUEBRANDO ALGUNS MITOS

Você já deve ter se perturbado com histórias de garrafas que explodem e de desarranjos gástricos ou já deve ter se desencorajado por causa de um trauma do passado. Garrafas que explodem são uma possibilidade, é claro, mas muito improvável se as instruções forem seguidas corretamente – e é difícil que a cerveja lhe faça mal, uma vez que o álcool mata a maioria das bactérias. Hoje, a qualidade e a disponibilidade de ingredientes para produção caseira melhoraram muito, e isso também vale para as informações, dicas e suporte a respeito do tema.

ALGO PARA TODOS

Neste livro, tento abordar o máximo possível de aspectos da produção sem me prender demais a detalhes. Há livros inteiros que tratam de leveduras ou da produção de um tipo específico de cerveja, por exemplo, mas acredito que é bem melhor dominar as técnicas básicas antes de se especializar em uma área. Aqui, as receitas abrangem os princi-

pais tipos de cerveja. Portanto, você encontrará a lager, a ale, a de trigo ou a "mista" perfeita para seu gosto. Algumas receitas são mais difíceis do que outras, mas pense nelas como um desafio. Assim como em todos os ofícios, quanto maiores forem o cuidado e a dedicação, melhor será o resultado. Então, não se preocupe se a receita não sair exatamente certa todas as vezes – sua cerveja ainda assim será gostosa.

Espero que se divirta produzindo essas cervejas e que ache as receitas convidativas e inspiradoras. Fazer cerveja caseira é um dos melhores hobbies que existem, e sei que será uma curtição em sua vida.

Greg Hughes

Advertência

Alguns dos insumos e utensílios indicados neste livro não são encontrados no Brasil. Depois de escolher um bom fornecedor *(p. 213)*, peça a ele que aponte alternativas. As técnicas apresentadas aqui correspondem ao método escolhido pelo autor, e os editores não se responsabilizam por danos ou maus resultados.

Introdução

Breve histórico da cerveja

A produção de cerveja tem uma história longa e fascinante, que remonta a milhares de anos – das antigas planícies da Mesopotâmia à atual tendência mundial de produção caseira.

7000 a.C. – Caçadores-coletores nômades da Mesopotâmia (atual Iraque) **cultivavam e colhiam uma espécie primitiva de cereal**, que pode ter sido usada para fazer um tipo preliminar de cerveja.

Fragmentos de cerâmica descobertos em um vilarejo neolítico no sítio de Jiahu, na China, contêm **vestígios de ingredientes encontrados em bebidas alcoólicas**.

822 – Abbot Adalhard, do mosteiro beneditino de Corbie, no norte da França, cria um conjunto de regras para a administração do mosteiro, entre as quais a colheita de lúpulo suficiente para produzir cerveja – **a primeira ligação documentada entre lúpulo e cerveja**.

Flores de lúpulo fresco

1100-1200 – **O cultivo comercial do lúpulo começa** no norte da Alemanha, seguido da exportação de cerveja lupulada.

Grãos de cevada

1516 – **A Lei de Pureza da Cerveja, ou "Reinheitsgebot"**, é criada na **Baviera**. Determina que cevada, lúpulo e água pura são os únicos ingredientes permitidos na fabricação de cerveja. Só se estendeu ao restante da Alemanha em 1906.

1710 – O uso de **outros agentes além do lúpulo** para dar amargor à cerveja **é proibido** pelo Parlamento na Inglaterra, para garantir retorno pecuniário pela taxação da planta. Por isso, o lúpulo se torna o principal ingrediente responsável por essa característica da bebida no mundo ocidental.

7000 a.C. | **4300 a.C.** | **822** | **1040** | **1100-1200** | **1412** | **1516** | **1587** | **1710**

4300 a.C. – Tábuas de argila babilônicas apresentam detalhes da **receita de uma bebida alcoólica feita com cereais**.

1040 – **A primeira cervejaria comercial é fundada** na abadia de Weihenstephan, na Baviera, onde a produção de cerveja se torna um empreendimento comercial criado pelos monges. Por toda a Europa, ao longo da Idade Média, a cerveja passa a ser uma das bebidas mais populares. Por ser fervida antes da fermentação, é fonte segura de hidratação numa época em que a água disponível não é confiável. Além disso, seu teor calórico a torna um importante composto de nutrição.

1412 – Primeiro registro de **cerveja produzida com lúpulo** na Inglaterra.

Ale inglesa lupulada

O cervejeiro, xilogravura do século XVI

1587 – Colonizadores se estabelecem na Virgínia. A América do Norte **produz seus primeiros lotes de cerveja** (embora ainda recorra à Inglaterra em busca de mais).

1810 – É realizado um festival para celebrar o casamento de Luís I da Baviera em Munique, na Alemanha. Foi a origem do famoso **festival de cerveja Oktoberfest**.

Caneca de cerveja alemã tradicional

Pés de lúpulo

1950 – Durante as férias do verão no Reino Unido, cerca de **10 mil pessoas** saem de Londres para os campos de Kent a fim de **colher lúpulo para as cervejarias locais**.

1990 – DIAS ATUAIS – O **mundo da cerveja caseira começa a se expandir**, com oferta de grande variedade de kits e ingredientes. Há um renascimento do interesse pela cerveja artesanal. A Muntons, sediada no Reino Unido, vendeu mais de 500 mil kits em 2012, o dobro do resultado de 2007.

Kit de cerveja caseira

1857 – O químico francês Louis Pasteur descobre que a **levedura é responsável pela fermentação alcoólica**. Esse avanço permite o controle da fermentação, o que resulta em cervejas de melhor qualidade.

Levedura de cerveja seca

1971 – Os jornalistas ingleses Michael Hardman, Graham Lees, Bill Mellor e Jim Makin planejam criar uma **associação de apreciadores de cerveja**, origem da Campaign for Real Ale (Camra).

Pints de real ale

1810 | **1842** | **1857** | **1919** | **1950** | **1963** | **1971** | **1979** | **1990–HOJE**

Copo de pilsen

1842 – A primeira **lager dourada é produzida em Pilsen**, na região da Boêmia. É um tipo popular de cerveja fabricado no mundo inteiro atualmente.

1919 – A 18ª Emenda à Constituição dos EUA estabelece **o início da Lei Seca**, que proíbe a venda, a produção e o transporte de bebidas alcoólicas – incluindo a cerveja caseira.

Fermentador de vidro para cerveja caseira

1963 – O político britânico Reggie Maudling **suspende a taxação sobre a produção caseira de cerveja** e a exigência de licença. Assim, a atividade ganha impulso e popularidade na década de 1970.

Garrafas e tampas de cerveja caseira

1979 – Aproveitando uma brecha durante a suspensão da Lei Seca nos EUA, em 1933, **a produção caseira de cerveja é enfim legalizada** graças à lei Cranston Bill.

A revolução da cerveja artesanal

O mercado global de cerveja ainda é dominado pelas grandes companhias, mas nos últimos anos aumentou bastante o número de cervejarias artesanais.

70 CERVEJARIAS ARTESANAIS estão localizadas em Ontário, no Canadá

100% DE AUMENTO nas vendas de cervejas artesanais foi registrado em Ontário entre 2007 e 2010

500 mil kits de cerveja caseira foram vendidos pela Muntons, no Reino Unido, em 2012

50 NOVAS MICROCERVEJARIAS abrem todo ano no Reino Unido

1.000 CERVEJARIAS operavam no Reino Unido em 2012 – um recorde em 70 anos

500% DE AUMENTO NAS VENDAS foi registrado na microcervejaria Ilkley, em North Yorkshire, desde 2009

15% DE AUMENTO na produção de cervejas artesanais foi registrado nos EUA em 2012 (ante um crescimento de 1% no mercado geral de cerveja)

97% DAS CERVEJARIAS foram classificadas como artesanais nos EUA em 2012

1 MILHÃO DE AMERICANOS produziram sua própria cerveja em casa em 2012

40 cervejarias ARTESANAIS localizam-se no México, onde o segmento constitui um setor pequeno, mas em rápida expansão

132 LITROS per capita de cerveja foram consumidos em 2010 na República Tcheca – lar dos bebedores de cerveja mais sedentos do mundo

82 MILHÕES DE LITROS de cerveja foram produzidos em 2011 pela associação de cervejeiros artesanais franceses

O QUE É UMA CERVEJA ARTESANAL?

É toda cerveja produzida por uma cervejaria pequena e independente com ingredientes de qualidade e métodos tradicionais. Os cervejeiros artesanais são detalhistas e produzem cervejas tidas como muito superiores às similares fabricadas em grande escala. Embora não contem com os recursos dos líderes do mercado, são mais livres para produzir pequenos lotes de cervejas sem substâncias químicas e carbonatadas naturalmente – algo que as empresas maiores não consideram comercialmente viável.

Do grão ao copo

O processo de produção consiste em colocar amido – em geral, cereais maltados – em água, adicionar lúpulo para dar amargor, sabor e aroma e então fermentar o mosto resultante com levedura.

1. PREPARO

Cada parte do equipamento que entrar em contato com a cerveja deve ser totalmente limpa e esterilizada *(pp. 46-7)*, pois qualquer bactéria residual pode estragar a bebida. Use produtos esterilizadores e uma escova de limpar garrafa.

2. BRASSAGEM

A brassagem *(p. 59)* é o processo pelo qual os amidos dos grãos maltados são convertidos em açúcares fermentáveis. Os grãos são mergulhados em água quente (mas não fervente), para produzir um líquido doce chamado mosto.

6. FERMENTAÇÃO

O mosto resfriado é transferido para um balde de fermentação, e a levedura é adicionada *(pp. 62-3)*. Fecha-se a tampa do recipiente, encaixa-se o airlock, e o mosto é deixado para fermentar na temperatura especificada por cerca de uma semana. Nesse tempo, os açúcares do mosto são convertidos em álcool.

7. PRIMING E TRASFEGA

Com a fermentação concluída, o açúcar de priming é adicionado para condicionar a cerveja e carbonatá-la. A bebida é então trasfegada (transferida) para um barril ou para garrafas e armazenada.

3. SPARGE

O sparge *(p. 60)* consiste em aspergir (ou borrifar) água, repetidas vezes, na superfície do grão para enxaguar os açúcares fermentáveis. A panela de brassagem é drenada, e o mosto doce vai para a panela.

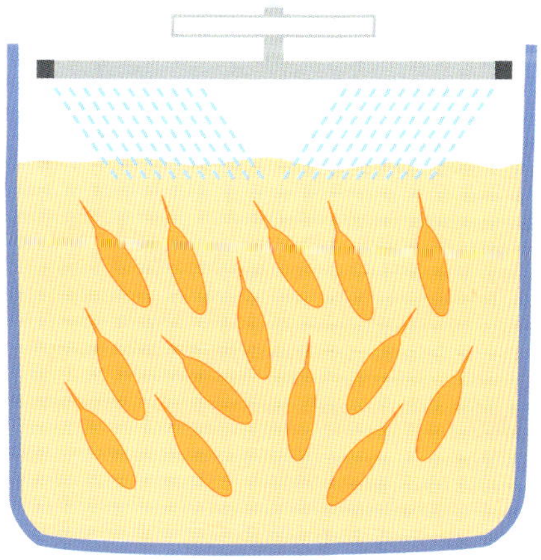

4. FERVURA

O mosto é então fervido *(p. 61)* por uma hora ou mais, e acrescenta-se o lúpulo em intervalos variados. A fervura esteriliza o mosto e permite que o lúpulo libere amargor, sabor e aroma.

5. RESFRIAMENTO

Após a fervura, o mosto deve ser resfriado *(p. 61)* à temperatura de fermentação (20°C) – quando está muito quente, as células das leveduras morrem ao ser adicionadas. O resfriamento rápido reduz as chances de contaminação bacteriana e de gosto ruim [off-flavours] na cerveja.

8. CONDICIONAMENTO

Dependendo do tipo e da receita, a cerveja deverá ser mantida por pelo menos duas semanas na temperatura requerida. Isso clarifica a bebida e matura os sabores.

9. COMO SERVIR

Agora a cerveja já pode ser provada. O açúcar de priming dá efervescência, mas, se a cerveja estiver com pouco gás, deixe-a em local quente por uns dias e experimente. Se estiver muito gasosa, resfrie-a antes de servir.

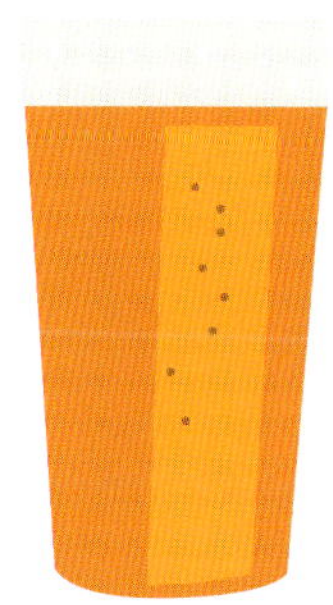

Ingredientes

Maltes

São os grãos de cereal que foram deixados para germinar durante a maltagem. Esse processo cria enzimas que convertem os amidos dos grãos em açúcares fermentáveis.

A cevada é o cereal mais usado na produção de malte para cerveja. É naturalmente rica em enzimas e por isso produz grandes quantidades de açúcar fermentável. O trigo e o centeio maltados também são muito usados na fabricação de cerveja.

Existem três variedades de cevada: de duas, quatro e seis fileiras, em referência à maneira como se dispõem os grãos em torno da espiga. A cevada de duas fileiras é a mais usada para fazer cerveja, por conter menos proteínas e produzir mais açúcares fermentáveis.

O PROCESSO DE MALTAGEM

O malte é produzido na maltaria. Ali, os grãos são demolhados em água, para absorver umidade e começar a germinar. Quando as radículas crescem o suficiente, o grão é seco com ar quente, para cessar o processo. Ele é então "rolado" para remover as radículas.

Torra dos grãos

Uma vez removidas as radículas, os grãos são torrados para criar diferentes tipos de malte – quanto maior a temperatura, mais escuro o malte e mais intensos os sabores. Maltes levemente torrados têm poder enzimático (ou diastático) alto, portanto geram mais açúcar fermentável quando misturados com água quente na brassagem *(p. 59)*. Já maltes bem torrados têm menor poder diastático e geram pouco ou nenhum açúcar fermentável. Esses maltes dão cor, sabor e aroma à cerveja.

Grãos de malte inteiros

Chão de maltagem

Tradicionalmente, após a demolha os grãos eram espalhados no chão das maltarias para secar. Eram virados manualmente com rastelos grandes, o que evitava a formação de mofo e garantia secagem uniforme. Na década de 1940, foram desenvolvidas técnicas industriais para tornar mais eficiente o processo de maltagem, o que proporcionou uma produção bem maior. O método tradicional ainda é tido como o que origina os melhores maltes, embora a prática seja rara, e os maltes assim obtidos sejam caros demais para as cervejarias comerciais.

Moagem dos grãos

A maltagem produz grãos de malte inteiros, os quais devem ser moídos antes de adicionados à brassagem (a moagem permite que as enzimas convertam o amido em açúcares fermentáveis de maneira eficaz). A maioria dos fornecedores de insumos para fabricação caseira vende maltes pré-moídos, mas você pode comprar grãos inteiros e moê-los. O processo pode ser demorado e fazer sujeira, mas garante grãos comprovadamente frescos. Depois, guarde-os em recipiente hermético, onde se conservarão por alguns meses.

GRÁFICO DE CLASSIFICAÇÃO DE COR

A cor do malte – assim como o matiz da cerveja pronta – é determinada por um dos três sistemas internacionalmente aceitos: o European Brewing Convention (EBC) – a escala usada nas receitas deste livro –, o Standard Reference Method (SRM) e o Degrees Lovibond (°L) – a escala original, desenvolvida por Joseph Williams Lovibond, em 1883. O SRM é praticamente equivalente ao °L; o EBC é igual ao SRM multiplicado por 1,97.

COR			
EBC	4	6	8
SRM/LOVIBOND	2	3	4
TIPO DE CERVEJA	**Light lager**	**Weissbier**	**Witbier**

MALTES BASE

Levemente torrados, constituem a maior parte dos ingredientes do mosto e fornecem a maioria dos açúcares fermentáveis.

Maltes base pale
Use maltes base pilsner e lager para pale lagers e ales. Para cervejas mais escuras, use maltes pale, como o Maris Otter e o Halcyon.

Maltes base mais torrados
Um pouco mais escuros, como o Munique e o Viena, conferem sabores mais intensos e grande quantidade de açúcares fermentáveis.

Malte de trigo
Além de gerar açúcares fermentáveis, o trigo também produz proteína, que ajuda na retenção de espuma e dá aspecto turvo à cerveja. A utilização do trigo pode ser difícil na brassagem.

Malte de centeio
Menos comum que os de cevada e de trigo, o malte de centeio pode ser usado para dar notas picantes à cerveja. Também dificulta a brassagem, por isso use em pequenas quantidades.

Malte base pale

Malte de trigo

MALTES ESPECIAIS

Maltes torrados especiais para uso em pequenas quantidades na brassagem, para dar sabor, cor e aroma. À diferença dos maltes base, geram relativamente poucos açúcares fermentáveis.

Malte caramelo
Também conhecido como cristal, há muitos tipos disponíveis desse malte, cada um aquecido a uma temperatura diferente. Ele confere sabores de mel, caramelo e toffee.

Malte âmbar
Tipo de malte torrado com leve sabor de biscoito, dá coloração âmbar-escuro a ales e porters. Use somente em pequenas quantidades.

Maltes torrados
Maltes mais escuros com pouco ou nenhum açúcar fermentável, mas proporcionam cores, sabores e aromas complexos.

Malte caramelo

Malte âmbar

Malte torrado

12	16	20	26	33	39	47	57	69	79	138
6	8	10	13	17	20	24	29	35	40	70
Belgian blonde ale	Honey ale	Pale ale		Mild			Black lager		Coffee stout	Imperial stout

Adjuntos e açúcares

Para alguns tipos de cerveja, é necessário usar outros grãos no lugar da cevada maltada *(pp. 22-3)*, além de mais açúcares fermentáveis. Esses ingredientes resultam em sabores especiais.

FLOCOS DE TRIGO TOSTADOS
Trigo que não passou por maltagem, levemente torrado e rolado para formar flocos. Dá um sabor característico de trigo e aumenta a retenção de espuma.

ESPELTA
Prima do trigo, a espelta é um grão maltado que confere aroma e sabor deliciosos à cerveja. Use pouco, para o gosto não ficar pronunciado demais.

FLOCOS DE ARROZ
Ingrediente comum e barato usado nas light lagers americanas e japonesas, os flocos de arroz produzem cervejas gasosas e secas de pouco sabor.

CEVADA TORRADA
É um grão não maltado escuro semelhante ao malte torrado *(p. 23)*, mas com amargor menos adstringente. Confere notas de café perfeitas para stouts e porters.

FLOCOS DE AVEIA
Mais fáceis de usar do que a aveia inteira ou só laminada, pois não precisam ser cozidos, dão uma consistência cremosa e sedosa à bebida. Use em stouts e porters.

FLOCOS DE MILHO
Esse é um dos adjuntos mais comumente usados. Produz cervejas bem leves, com um toque sutil de milho e sabor residual neutro.

EXTRATO DE MALTE

É o açúcar fermentável da cevada maltada *(pp. 22-3)* em forma concentrada. Quando reidratado, pode ser fervido com os lúpulos para criar um mosto fermentável ou usado da mesma forma que o açúcar, para aumentar a densidade original, e também no priming *(p. 66)*.

O extrato de malte oxida quando exposto por muito tempo ao ar ou à umidade, portanto é crucial usar o produto fresco. Assim que abri-lo, armazene-o em recipiente hermético, na geladeira, para mantê-lo seco e retardar os efeitos do tempo.

Extrato de malte seco (DME, do inglês "dry malt extract")
Um pó fino, também conhecido como spraymalt, é produzido ao se aquecer o mosto e pulverizá-lo dentro de uma câmara de alta temperatura. As gotículas secam e resfriam, solidificando-se, e caem na superfície. Quando usá-lo, reidrate-o em um pouco de água fria e ferva com lúpulo para criar um mosto fermentável.

Extrato de malte líquido (LME, do inglês "liquid malt extract")
Essa substância similar ao melaço é produzida pelo aquecimento do mosto, para evaporar parte do líquido – mas não todo. O calor escurece um pouco o malte, e esse processo continua durante a fervura. Se substituir DME por LME em uma receita, será necessário 1,2 kg de extrato de malte líquido para cada 1 kg do seco.

Extrato de malte seco

Extrato de malte líquido

AÇÚCAR-CANDE

Muito usado em cervejas belgas para aumentar o teor alcoólico sem encorpar a bebida, o açúcar-cande existe na forma escura ou clara e dá mais intensidade ao sabor.

MEL

A maior parte dos açúcares do mel é fermentável, gerando um caráter seco. O mel contém bactérias, por isso adicione-o perto do fim da fervura, para esterilizá-lo.

MELAÇO

Esse açúcar escuro e líquido dá um sabor complexo similar ao do rum. Use em pequena quantidade para conferir intensidade a ales de alto teor alcoólico.

MALTES, ADJUNTOS E AÇÚCARES – QUADRO COMPARATIVO

Nome	Tipo	Descrição	Cor (EBC)	Requer brassagem?	Utilização máxima
Açúcar-cande (claro e escuro)	Açúcar	Aumenta os níveis de açúcares fermentáveis; dá cor e sabores especiais	N/A	✗	20%
Açúcar de milho	Açúcar	Use para dar densidade sem acrescentar sabor ou aroma	0	✗	5%
Cascas de cevada	Adjunto	Engrossa a mistura e ajuda a drenagem; não fornece açúcares fermentáveis	N/A	✗	10%
Cevada torrada	Adjunto	Dá sabor torrado e amendoado e tom vermelho-acastanhado intenso	1.000	✗	10%
Extrato de malte âmbar (seco e líquido)	Extrato de malte	Use em receitas de extrato de malte para dar cor	30	✗	100%
Extrato de malte claro (seco e líquido)	Extrato de malte	Extrato de malte claro usado para dar mais densidade a receitas com extrato de malte	10	✗	100%
Extrato de malte de trigo (seco e líquido)	Extrato de malte	Para cervejas de trigo; ajuda na retenção de espuma em outros tipos de cerveja	16	✗	100%
Extrato de malte escuro (seco e líquido)	Extrato de malte	Use para dar mais densidade e sabor	40	✗	100%
Extrato de malte seco extraclaro	Extrato de malte	O extrato de malte mais claro; use para cervejas bem claras	5	✗	20%
Flocos de arroz	Adjunto	Encorpam sem acrescentar cor ou sabor	2	✓	20%
Flocos de aveia	Adjunto	Usados em pequenas quantidades em stouts de aveia	2	✓	10%
Flocos de cevada	Adjunto	Dão um toque granulado e aumentam a retenção de espuma em stouts e porters	4	✓	20%
Flocos de milho	Adjunto	Aumentam o grau de açúcares fermentáveis, embora deem muito pouco sabor e cor	2	✓	40%
Malte ácido	Grão maltado	Baixa o pH da mistura em lagers; use em pouca quantidade	3	✓	10%
Malte âmbar	Grão maltado	Dá cor intensa de âmbar e sabor de biscoito	65	✓	10%
Malte aromático	Grão maltado	Dá um toque delicioso de malte; parecido com o Munique escuro	150	✓	10%
Malte biscuit	Grão maltado	Confere cor e um toque de biscoito	50	✗	10%
Malte Bohemian Pilsner	Grão maltado	Malte bem leve; necessita de brassagem com múltiplas rampas de temperatura *(p. 59)*	2	✓	100%
Malte chocolate	Grão maltado	Dá cor e aroma a cervejas escuras; também pode ser usado em pale ales	800	✗	10%
Malte cara amber	Grão maltado	Dá densidade ao corpo e um vermelho intenso a cervejas âmbar e escuras	70	✗	20%
Malte carafa especial	Grão maltado	Dá cor e aroma a lagers escuras; uma alternativa ao malte preto e à cevada torrada	800-1.500	✗	5%
Malte cara hell	Grão maltado	Acentua a plenitude do sabor em cervejas alemãs especiais	25	✗	15%
Malte Caramunich	Grão maltado	Acentua o sabor e o aroma em lagers e ales com cor entre dourado e amarronzado	200	✗	15%

Nome	Tipo	Descrição	Cor (EBC)	Requer brassagem?	Utilização máxima
Malte Carapils	Grão maltado	Malte cristal muito claro; dá corpo e sabor de malte, sem adicionar cor	5	✗	20%
Malte cara red	Grão maltado	Dá corpo e intensifica o aroma do malte em muitos tipos de cerveja	50	✗	10%
Malte cara rye (centeio)	Grão maltado	Confere sabor de centeio e uma bela cor castanha	150	✗	15%
Malte cara wheat (trigo)	Grão maltado	Dá densidade ao corpo, aroma de trigo e acentua a cor	100	✗	15%
Malte cristal	Grão maltado	Encontrado em várias cores; dá cor e sabor sutil de caramelo	60-400	✗	20%
Malte de centeio	Grão maltado	Use para acrescentar sabor de centeio e notas picantes	10	✓	50%
Malte defumado	Grão maltado	Em geral, defumado sobre faia; dá um aroma defumado especial	18	✓	100%
Malte espelta	Grão maltado	Confere toques aromáticos de espelta	5	✓	20%
Malte lager	Grão maltado	Malte base de cor clara usado em todas as cervejas pale	4	✓	100%
Malte marrom	Grão maltado	Dá sabor forte de pão; cor entre âmbar e chocolate	105	✓	10%
Malte melanoidina	Grão maltado	Dá um sabor pleno e intensifica a cor e a presença do malte	40	✓	15%
Malte mild ale	Grão maltado	Use em brown ales e cervejas suaves, para dar mais sabor	10	✓	100%
Malte Munique	Grão maltado	Semelhante ao Viena, um pouco mais torrado; acentua as características do malte	20	✓	50%
Malte pale	Grão maltado	Malte base usado na maioria das ales	5	✓	100%
Malte peat-smoked (defumado em turfa)	Grão maltado	Malte fortemente defumado	3	✓	20%
Malte Pilsen	Grão maltado	Semelhante ao malte lager, mas geralmente produzido com cevada de duas fileiras *(p. 22)*	3	✓	100%
Malte preto	Grão maltado	Dá sabor e cor a cervejas escuras; dá cor a cervejas claras	1,28	✗	10%
Malte special B	Grão maltado	Dá cor e sabor intensos de caramelo	250	✓	10%
Malte Victory	Grão maltado	Confere cor alaranjada e sabor amendoado	50	✓	15%
Malte Viena	Grão maltado	Use em cervejas âmbar claro para dar cor e sabor	8	✓	50%
Mel	Açúcar	Confere final seco com um toque especial de mel	2	✗	100%
Trigo não maltado	Adjunto	Use em cervejas de trigo e para ajudar na retenção da espuma e dar sabor a ales	4	✓	40%
Trigo torrado	Adjunto	Dá cor marrom intensa a cervejas de trigo escuras	900	✓	10%
Xarope de bordo (maple syrup)	Açúcar	Usado para dar um toque especial e seco de bordo	70	✗	10%

Lúpulos

São as flores cônicas da planta fêmea de uma trepadeira parente do cânhamo. Elas são desidratadas e adicionadas à cerveja para dar amargor, sabor e aroma e para combater as bactérias.

Nativo da América do Norte, da Europa e da Ásia, acredita-se que o lúpulo tenha sido usado na produção de cerveja desde o século XI. Era utilizado no lugar de ervas amargas – como dente-de-leão, cravo-de-defunto e urze –, pois diminuía a probabilidade de a cerveja estragar.

Hoje, em virtude dos amplos programas de criação de plantas mais produtivas e resistentes a doenças, mais de cem cepas são cultivadas em todo o mundo. As principais regiões produtoras são Estados Unidos, Nova Zelândia, Reino Unido, Alemanha, República Tcheca, China, Polônia e Austrália.

CULTIVO E COLHEITA

O lúpulo, que se desenvolve melhor verticalmente, é disposto de modo a subir em armações de cordas – pode atingir 6 metros de altura. As cordas são baixadas durante a colheita para que as flores das hastes mais altas sejam retiradas. Variedades anãs também são cultivadas, embora precisem de uma área maior para produzir uma safra equivalente.

Tradicionalmente, a colheita do lúpulo era manual. Por causa da grande equipe necessária para a colheita, a atividade se tornou praticamente um evento social em algumas regiões. Na Inglaterra, por exemplo, famílias inteiras saíam de suas cidades para os campos de lúpulo em trens e ônibus fretados, instalavam-se em barracas e passavam várias semanas na colheita. Hoje, o lúpulo é colhido e seco mecanicamente, embora essa ainda seja uma época de preservação das origens, com muitas cervejarias produzindo com lúpulos "verdes" *in natura* para celebrar a nova colheita.

Flores de lúpulo

Os pés de lúpulo são induzidos a subir em armações de cordas, que podem ser baixadas durante a colheita.

LÚPULOS QUE DÃO AMARGOR E AROMA

O lúpulo é acrescentado em intervalos variados durante a fervura *(p. 61)* para dar características determinadas à cerveja. O lúpulo adicionado no início da fervura proporciona amargor, equilibra o gosto do álcool e deixa a cerveja mais macia. Quando acrescentado próximo ao fim da fervura – em geral nos últimos 30 minutos –, confere sabor e aroma. Isso pode ser feito em várias etapas, dependendo das características desejadas para a bebida.

Outra maneira de obter o aroma e o sabor do lúpulo é pelo método tradicional conhecido como lupulagem de primeiro mosto, no qual a planta é adicionada à drenagem da brassagem *(p. 59)* antes da fervura. O lúpulo é deixado em infusão, para que se oxide e para que alguns ácidos beta se dissolvam no mosto, em vez de serem eliminados. Em degustações às cegas, cervejas produzidas por esse método foram descritas como tendo amargor e aroma mais suaves – portanto, vale a pena experimentar.

Historicamente, os lúpulos são classificados como aromáticos ou de amargor. Hoje, porém, cada vez mais variedades são utilizadas para ambos os fins.

ÁCIDOS ALFA E BETA NO LÚPULO

As resinas do lúpulo contêm ácidos alfa e beta, essenciais na produção de cerveja:

- Ácidos alfa dão sabor amargo e têm propriedades antibacterianas. O grau de ácidos alfa em uma cepa é medido em porcentagem – quanto mais alto, maior o amargor. Os ácidos alfa não são solúveis em água, por isso necessitam de fervura. Quanto maior o tempo de fervura, mais ácidos alfa serão dissolvidos e maior será o amargor final.
- Ácidos beta dão aroma à cerveja e não precisam ser fervidos. Eles contêm óleos essenciais altamente voláteis, que são eliminados pelo vapor da fervura. Portanto, é melhor adicioná-los nos minutos finais da fervura ou depois de seu término. Esses ácidos frágeis também podem ser acrescentados durante a fermentação, num processo conhecido como dry hopping (lupulagem a seco).

COMO MANTER O LÚPULO FRESCO

Lúpulos secos reagem à luz e ao ar e deterioram relativamente rápido. Por isso, costumam ser vendidos em embalagens seladas a vácuo e protegidas da luz. O lúpulo pode ser armazenado em embalagens fechadas por cerca de dois anos, mas, assim que é aberto e exposto ao ar, resseca depressa e perde seus delicados óleos essenciais. Como geralmente são encontrados em pacotes de 100 g, e muitas cervejas exigem diversas variedades, você pode acabar com vários pacotes pela metade. Para mantê-los frescos, vede, congele e tire do congelador quando for usá-los.

Adicione lúpulo seco em diferentes estágios da fervura, caso sua intenção seja obter amargor, sabor ou aroma.

LÚPULOS PARA CERVEJA

Lúpulos devem secar expostos ao ar antes do uso na fabricação da cerveja. Isso ajuda a conservá-los e preserva o sabor e o aroma. As receitas deste livro pedem flores secas de lúpulo, que têm sabor mais natural, embora se deteriorem mais depressa se expostas ao ar. A versão processada em pellets é uma alternativa muito popular e tem prazo de validade maior.

Flores secas de lúpulo

Lúpulo em pellets

LÚPULOS – QUADRO COMPARATIVO

Nome	País de origem	Variação de ácido alfa	Características	Intensidade de sabor (1 = baixa; 10 = alta)
Admiral	Reino Unido	14-16%	Resinoso, cítrico, laranja	9
Ahtanum	EUA	5-8%	Floral, cítrico, limão-siciliano	7
Amarillo	EUA	7-11%	Floral, cítrico, laranja	9
Apollo	EUA	15-19%	Resinoso, fortemente herbáceo	8
Atlas	Eslovênia	5-9%	Limão, floral, pinho	6
Aurora	Eslovênia	5-9%	Limão, floral, pinho	6
Bobek (Styrian Golding)	Eslovênia	2-5%	Pinho, limão-siciliano, floral	8
Bramling Cross	Reino Unido	5-8%	Picante, cassis	8
Brewer's Gold	Alemanha	5-9%	Picante, cassis, limão-siciliano	8
Cascade	EUA/RU/NZ	5-9%	Lichia, floral, grapefruit	9
Celia (Styrian Golding)	Eslovênia	2-5%	Limão-siciliano, pinho, floral	8
Centennial	EUA	7-12%	Limão-siciliano, herbáceo, resinoso	9
Challenger	Reino Unido	5-9%	Picante, cedro, chá-verde	7
Chinook	EUA	11-15%	Grapefruit, cítrico, pinho	9
Citra	EUA	11-14%	Manga, frutas tropicais, limão	9
Cluster	EUA	6-9%	Amora, picante	6
Columbus	EUA	14-20%	Ervas, pimenta-do-reino, alcaçuz	9
Crystal	EUA	3-6%	Tangerina, cítrico	6
Delta	EUA	4-7%	Abacaxi, pera	5
East Kent Golding	Reino Unido	5-8%	Picante, mel, terroso	6
First Gold	Reino Unido	6-9%	Laranja, geleia, picante	6
Fuggle	Reino Unido	4-7%	Notas de grama e menta, terroso	6
Galaxy	Austrália	13-15%	Maracujá, pêssego	8
Galena	EUA	10-14%	Picante, notas de cassis, grapefruit	6
Golding	Reino Unido	4-8%	Picante, notas de mel, terroso	6
Green Bullet	Nova Zelândia	10-13%	Pinho, uva-passa, pimenta-do-reino	7
Hersbrucker	Alemanha	2-4%	Floral, herbáceo	6
Liberty	EUA	3-5%	Picante, cítrico, notas de limão-siciliano	6
Mittelfrüh	Alemanha	3-6%	Herbáceo, grama, floral	6
Motueka	Nova Zelândia	5-8%	Limão-siciliano, limão, floral	8
Mount Hood	EUA	4-7%	Herbáceo, grapefruit	6

Nome	País de origem	Variação de ácido alfa	Características	Intensidade de sabor (1 = baixa; 10 = alta)
Nelson Sauvin	Nova Zelândia	10-13%	Groselha, grapefruit	9
Newport	EUA	13-17%	Cedro, frutas, ervas	7
Northdown	Reino Unido	6-9%	Picante, cedro, pinho	7
Northern Brewer	Alemanha	5-9%	Picante, resinoso, notas herbáceas	6
Nugget	EUA	10-14%	Picante, pera, pêssego	6
Pacific Gem	Nova Zelândia	13-18%	Amora, carvalho, pinho	7
Pacific Jade	Nova Zelândia	12-14%	Herbáceo, casca de limão, pimenta-do-reino	8
Pacifica	Nova Zelândia	4-8%	Herbáceo, laranja, cítrico	6
Palisade	EUA	6-10%	Cítrico, notas de cassis, grapefruit	7
Perle	Alemanha	6-9%	Picante, notas de cedro, laranja	7
Pilgrim	Reino Unido	9-12%	Picante, cedro, mel	6
Pioneer	Reino Unido	9-12%	Cedro, grapefruit, herbáceo	8
Pride of Ringwood	Austrália	9-12%	Cedro, carvalho, herbáceo	5
Progress	Reino Unido	5-8%	Picante, notas de mel, grama	6
Riwaka	Nova Zelândia	5-8%	Grapefruit, limão, frutas tropicais	8
Saaz	República Tcheca	2-5%	Terroso, floral, herbáceo	5
Santiam	EUA	4-7%	Herbáceo, pêssego, limão-siciliano	6
Savinski (Styrian Golding)	Eslovênia	2-4%	Limão-siciliano, limão, terroso	8
Simcoe	EUA	11-15%	Pinho, grapefruit, maracujá	6
Sorachi Ace	EUA	10-14%	Limão-siciliano, coco	7
Sovereign	Reino Unido	4-7%	Grama, floral, terroso	6
Spalt Select	Alemanha	2-5%	Herbáceo, floral, terroso	5
Summer	Austrália	4-7%	Damasco, melão	6
Summit	EUA	13-15%	Grapefruit rosa, laranja	9
Target	Reino Unido	9-12%	Pinho, cedro, alcaçuz	9
Tettnang	Alemanha	4-7%	Terroso, herbáceo, floral	5
Wai-ti	Nova Zelândia	2-4%	Tangerina, limão-siciliano, casca de limão	6
Wakatu	Nova Zelândia	7-10%	Baunilha, floral, limão	7
Warrior	EUA	13-15%	Resinoso, herbáceo, pinho	6
WGV	Reino Unido	5-8%	Picante, herbáceo, terroso	7
Willamette	EUA	4-7%	Notas de cassis, picante, floral	6

Leveduras

Esse é o ingrediente que transforma em cerveja o mosto doce produzido pelo malte, o lúpulo e a água. É um organismo unicelular e um tipo de fungo.

A levedura é usada para fazer cerveja há milhares de anos, mas sua identificação só ocorreu com o advento do microscópio, no século XVII. Antes disso, os cervejeiros simplesmente deixavam o mosto descoberto, e a fermentação ocorria graças aos esporos de levedura presentes no ar. Em 1857, o químico e microbiólogo francês Louis Pasteur comprovou a importância da levedura na fermentação. A descoberta de Pasteur mudou a maneira pela qual a cerveja era produzida, pois deu aos cervejeiros mais controle sobre o processo de fermentação.

LEVEDURA E CERVEJA

Acredita-se que existam mais de 1.500 espécies de levedura, mas apenas uma é usada para a fabricação de cerveja – a *Saccharomyces cerevisiae*. Quando adicionadas ao mosto, as células das leveduras se alimentam dos açúcares e carboidratos nele presentes e produzem dióxido de carbono e álcool. A levedura também produz diversos subprodutos que influenciam no sabor e no aroma da cerveja. Os mais comuns são ésteres, álcoois fúseis e diacetil:

- Os ésteres são compostos que dão importantes características de sabor – sobretudo de frutas. Variam em quantidade em muitos tipos de cerveja, principalmente em ales e belgas. A quantidade produzida depende em parte da temperatura da fermentação – quanto mais alta, mais ésteres.
- Álcoois fúseis reúnem diversos compostos alcoólicos e conferem notas picantes à bebida. Embora sejam encontrados em muitos tipos de cerveja, quando o gosto é muito pronunciado, isso representa uma falha. Na verdade, o termo fúsel, em alemão, significa "bebida ruim".
- Assim como ocorre com os alcoóis fúseis, o excesso de diacetil também é um problema, principalmente nas lagers. Embora possa existir em proporções discretas em muitas cervejas, em quantidades maiores faz sobressair exageradamente sabores e aromas de manteiga e caramelo. O diacetil em geral é "eliminado" pela levedura no fim da fermentação, por isso sua presença na cerveja pronta é muitas vezes um sinal de fermentação malfeita.

Muitas cervejas belgas são feitas com leveduras que geram sabores frutados complexos como resultado da fermentação.

LEVEDURAS DE ALTA E BAIXA FERMENTAÇÃO

Existem dois tipos principais de leveduras usados na cerveja: de alta fermentação (para produzir ales) e de baixa fermentação (para lagers).

As primeiras trabalham melhor sob temperaturas de fermentação mais altas, geralmente entre 16-24°C, e são chamadas assim porque sobem à superfície do fermentador durante o processo. Essas leveduras produzem grande quantidade de ésteres complexos, especialmente sob temperaturas altas, resultando em ampla variedade de sabores e aromas. As leveduras de alta fermentação são divididas em dois tipos, para ales e para cervejas de trigo, em virtude de seu sabor característico. As leveduras de baixa fermentação, por outro lado, trabalham melhor sob temperaturas mais baixas, geralmente entre 7-15°C, e se depositam no fundo do fermentador. Essas leveduras tendem a produzir cervejas de sabor leve e neutro. Por causa das temperaturas baixas, produzem menos ésteres, porém mais diacetil do que as de alta fermentação. Muitas leveduras de baixa fermentação necessitam do "repouso de diacetil" (quando a temperatura é elevada por alguns dias no final da fermentação), o que ajuda a reduzir a quantidade de diacetil.

FLOCULAÇÃO E ATENUAÇÃO

Todas as leveduras podem ser avaliadas quanto à floculação e à atenuação. A floculação mede a facilidade com que a levedura se desprende da suspensão no mosto, o que afeta a velocidade e a facilidade com que a cerveja se clarifica – quanto maior o índice de floculação, mais rápido isso acontece. As leveduras de floculação alta podem precisar ser agitadas ou mexidas durante a fermentação, para levar as partículas de volta ao topo e permitir que a fermentação se complete corretamente.

A atenuação mede como a levedura fermenta os açúcares disponíveis. Em geral, é determinada em porcentagem; por exemplo, uma atenuação de 100% sinaliza que uma levedura fermentará todos os açúcares do mosto em álcool. As leveduras com atenuação alta geralmente têm índices baixos de floculação, e vice-versa.

REUTILIZAÇÃO DE LEVEDURAS

Embora algumas leveduras – principalmente aquelas em forma líquida *(abaixo)* – sejam caras, elas podem ser reutilizadas. Basta coletar cerca de 500 ml de sedimentos do fundo do fermentador após a fermentação e armazenar em um recipiente esterilizado na geladeira. Se usar em duas semanas, você pode colocar a levedura diretamente na próxima leva de mosto. Mas não se preocupe se deixar passar de duas semanas, pois ainda poderá usá-la fazendo um starter *(pp. 62-3)*. Ou então calcule o tempo de produção de modo que o sedimento de uma leva possa ser usado no mosto da próxima.

Leveduras líquidas podem ser reutilizadas três ou quatro vezes; leveduras secas não podem ser reutilizadas, mas são relativamente baratas.

DICA DO CERVEJEIRO

Uma ótima maneira de conseguir levedura líquida fresca é visitando uma microcervejaria. Provavelmente haverá sobras de leveduras, e a equipe ficará feliz em ajudar.

Se usar levedura líquida, primeiro será necessário fazer um starter para aumentar a quantidade de células ativas.

FORMAS DE LEVEDURA

As leveduras para produção caseira de cerveja são encontradas nas formas seca e fresca líquida. As primeiras têm prazo de validade longo e são fáceis de usar, mas as opções são limitadas. As principais marcas são Fermentis e Danstar. Contudo, há grande variedade de leveduras líquidas no mercado, para a cerveja que você escolher. Estas, porém, têm prazo de validade curto e precisam de um starter *(pp. 62-3)*. Wyeast e White Labs são as principais marcas.

Levedura seca

Levedura fresca líquida

Leveduras – quadro comparativo

A disponibilidade de leveduras frescas pode variar. Nesse quadro você encontra alternativas para algumas das receitas básicas deste livro (note que nem todas as receitas podem ser bem produzidas com levedura seca).

Tipo de cerveja	Nome da cerveja	Levedura líquida		Levedura seca
		Wyeast	White Labs	
Light lager	European lager *(p. 83)*	2007 Pilsen lager	830 German lager	Fermentis 34/70
Light lager	Premium American lager *(p. 84)*	2035 American lager	800 Pilsner	Fermentis 34/70
Light lager	Dortmunder export *(pp. 86-7)*	2124 Bohemian lager	830 German lager	Fermentis S23
Light lager	Japanese rice lager *(p. 89)*	2278 Czech pils	800 Pilsner	Fermentis 34/70
Pilsner	Czech pilsner *(pp. 90-1)*	2001 Urquell	800 Pilsner	Fermentis 34/70
Pilsner	German pilsner *(p. 93)*	2007 Pilsen lager	840 American lager	Fermentis 34/70
Pilsner	American pilsner *(p. 95)*	2035 American lager	840 American lager	Fermentis 34/70
Amber lager	Vienna lager *(pp. 96-7)*	2124 Bohemian lager	830 German lager	Fermentis 34/70
Amber lager	Oktoberfest *(p. 98)*	2206 Bavarian lager	820 Oktoberfest	Fermentis 34/70
Bock	Helles bock *(p. 99)*	2487 Hella bock	833 German bock	Fermentis 34/70
Bock	Doppelbock *(p. 102)*	2124 Bohemian lager	830 German lager	Fermentis 34/70
Bock	Eisbock *(p. 103)*	2308 Munich lager	838 Southern German lager	Fermentis 34/70
Dark lager	Munich dunkel *(p. 106)*	2278 Czech pils	800 Pilsner	Fermentis 34/70
Dark lager	Black lager *(p. 107)*	2042 Danish lager	860 Munich Helles	Fermentis S23
Pale ale	Spring beer *(p. 112)*	1275 Thames Valley ale	023 Burton ale	Danstar Nottingham
Pale ale	Harvest pale ale *(p. 114)*	1272 American ale II	060 American ale blend	Fermentis US05
Pale ale	ESB ale *(p. 115)*	1187 Ringwood ale	005 English ale	Fermentis S04
Pale ale	Pale ale *(pp. 122-3)*	1187 Ringwood ale	005 English ale	Danstar Nottingham
Pale ale	Honey ale *(p. 124)*	1098 British ale	007 Dry English ale	Danstar Nottingham

Tipo de cerveja	Nome da cerveja	Levedura líquida		Levedura seca
		Wyeast	White Labs	
IPA	English IPA *(p. 131)*	1187 Ringwood	005 English ale	Fermentis US05
IPA	American IPA *(p. 133)*	1272 American ale II	060 American ale blend	Fermentis US05
IPA	Black IPA *(p. 136)*	1187 Ringwood ale	005 English ale	Fermentis US05
Bitter	London bitter *(p. 140)*	1318 London ale III	013 London ale	Fermentis S04
Bitter	Irish red ale *(p. 149)*	1084 Irish ale	004 Irish ale	Fermentis S33
Strong ale	Winter warmer *(p. 150)*	1968 ESB	002 English ale	Fermentis S04
Strong ale	Bière de garde *(pp. 152-3)*	3711 French saison	566 Saison II	N/A
Strong ale	Belgian blonde ale *(p. 155)*	1388 Belgian strong	570 Belgian golden ale	N/A
Strong ale	Belgian dubbel *(p. 156)*	3944 Belgian witbier	400 Belgian wit ale	Fermentis WB06
Brown ale	Southern brown ale *(p. 161)*	1187 Ringwood ale	005 English ale	Fermentis US05
Mild	Mild *(p. 164)*	1318 London ale III	013 London	Fermentis US05
Barley wine	English barley wine *(pp. 166-7)*	1028 London	013 London	Fermentis S33
Barley wine	American barley wine *(p. 168)*	1056 American ale	001 California ale	Fermentis S33
Stout	Dry stout *(p. 174)*	1084 Irish ale	004 Irish ale	Fermentis US05
Porter	Brown porter *(p. 169)*	1028 London ale	013 London ale	Fermentis US05
Weissbier	Weizenbock *(p. 184)*	3056 Bavarian wheat	380 Hefeweizen IV	Danstar Munich
Cerveja com centeio	Roggenbier *(p. 188)*	3338 Bavarian wheat	380 Hefeweizen IV	Fermentis WB06
Witbier	Witbier *(pp. 190-1)*	3944 Belgian witbier	400 Belgian wit ale	Fermentis WB06
Cerveja de trigo escura	Dunkelweizen *(p. 192)*	3056 Bavarian Wheat	380 Hefeweizen IV	Fermentis WB06
Híbridas claras	Kölsch *(p. 197)*	2565 Kölsch	029 German ale	Fermentis US05
Híbridas âmbar	Californian common *(p. 198)*	2112 California ale	810 San Francisco lager	Fermentis US05

Água

Esse é o ingrediente fundamental de todas as cervejas. Por isso, a qualidade e as características químicas da água utilizada fazem muita diferença no produto final.

A constituição química da água depende da jornada que ela realiza até chegar à torneira. Como a água da chuva passa pelo solo, pode carregar consigo diversos minerais, dependendo do tipo de rocha da região. Alguns minerais, como cálcio e magnésio, são solúveis em água. Conhecidos como íons, eles são absorvidos pela água. A água com alta concentração de minerais é classificada como dura, enquanto a que tem baixo teor de minerais – em geral a que passa por rochas como ardósia ou granito – é chamada mole.

TIPOS DE CERVEJA E ÁGUA

Antes de existir o recurso da análise química da água, os tipos de cerveja costumavam ser determinados pela composição química do suprimento de água local. Se você busca um tipo específico de cerveja, reproduzir a água de tal região ajudará a obter resultados autênticos. Por exemplo, a água da região de Pilsen, na República Tcheca – berço das lagers da região –, é uma das mais moles do mundo, contendo baixíssima concentração de minerais. Isso resulta numa lager excepcionalmente límpida. Em contraste, Dublin, na Irlanda – berço da Guinness, a famosa dry stout –, tem água muito dura, com altos níveis de bicarbonato e cálcio. Isso dá à água um pH alto, que é então compensado pela acidez dos maltes altamente torrados, para criar uma stout perfeita.

PREPARO COM KIT E EXTRATO DE MALTE

Em relação ao preparo com kit e extrato de malte *(pp. 54-7)*, a composição química da água tem pouco efeito na cerveja pronta – se a água tem gosto e aroma bons, deve produzir boa cerveja. A única preocupação possível é se seu fornecedor de água adiciona ou não concentrações altas de cloro ou cloramina, já que esses produtos químicos antibacterianos

podem reagir com a levedura e gerar gosto de remédio (veja o item na coluna à dir., tratamentos simples de água).

MÉTODO ALL-GRAIN

Para o método all-grain – também conhecido como full-mash – *(pp. 58-61)*, a composição da água é bem mais importante. Durante a brassagem *(p. 59)*, especificamente, o pH da água (sua acidez ou alcalinidade) afeta a eficiência das enzimas no malte *(pp. 22-3)*. A maioria dos maltes fica melhor com pH 5,2 (sendo 1 o mais ácido, e 14, o mais alcalino).

Depois, durante a fermentação, o pH cai naturalmente conforme a levedura fermenta o açúcar no mosto. A vantagem é que cria um meio desfavorável para bactérias indesejadas. Manter o pH correto também ajuda na limpidez e na qualidade da cerveja, de maneira geral.

ANÁLISE DA ÁGUA

Em se tratando de cerveja, os íons importantes da água são cálcio, magnésio, bicarbonato, sódio, cloro e sulfato. A empresa fornecedora de água talvez possa providenciar uma análise química da água local. Você pode então acrescentar sulfato de cálcio (gipsita), sulfato de magnésio ou sódio para alterar as concentrações conforme a necessidade – a fim de ajustar o pH exigido para uma receita específica. Trabalhar com essas adições e ajustes pode ser complicado, mas há muitas calculadoras on-line que podem lhe ajudar *(para mais informações, veja p. 213)*.

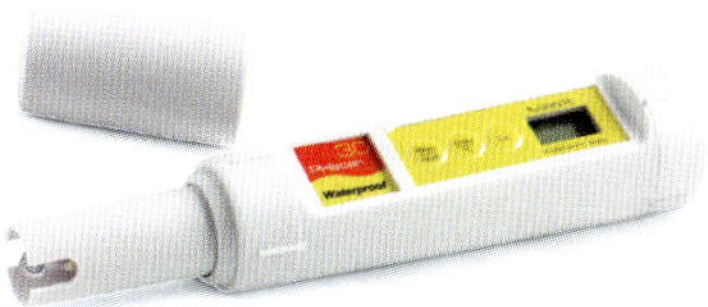

Medidor digital de pH

TESTE DA MISTURA

Use uma tira-teste ou um medidor digital para obter o pH da mistura, depois registre os resultados para fazer ajustes na água para o próximo preparo. Vale lembrar que, apesar de ser útil saber as características da água utilizada no método all-grain ao tentar obter certo tipo de cerveja, você ainda pode fazer uma ótima bebida apenas com a preparação básica.

TRATAMENTOS SIMPLES DE ÁGUA

Se, por exemplo, a água é dura e você quer fazer uma receita all-grain de lager ou pilsen que requeira água mole, basta misturar a água filtrada com uma grande proporção de água destilada ou deionizada, disponível no mercado. Isso ajuda a manter o pH correto da mistura e a evitar sabores tânicos adstringentes na cerveja.

Para tirar o cloro, deixe a água que será usada descansar durante a noite ou ferva-a por 30 minutos antes de usá-la. A cloramina, no entanto, não é eliminada na fervura. Uma maneira fácil de suprimir tanto o cloro como a cloramina é adicionar à água um comprimido Campden (ou um produto similar) triturado, alguns minutos antes do uso. Para os cervejeiros que fazem com kit ou extrato de malte, a observação mais importante é que a água não deve conter cloro nem cloramina – se tiver a sorte de contar com uma água corretamente tratada saindo direto da torneira, não há nenhuma necessidade de corrigi-la depois.

DICA DO CERVEJEIRO

Se não quiser tratar a água da torneira, a alternativa é usar água mineral engarrafada. Embora seja mais cara, ela é prática e perfeita para o preparo da cerveja.

Ervas, flores, frutas e especiarias

Originalmente usados no lugar do lúpulo para dar sabor e proteger a cerveja das bactérias, esses ingredientes podem acrescentar diferentes sabores e aromas fascinantes.

BAGAS DE CARDAMOMO
Usadas em cervejas belgas, combinam com sementes de coentro, cominho e frutas cítricas. Adicione no fim da fervura ou no quarto dia de fermentação.

SEMENTES DE COENTRO
Ficam ótimas com casca de laranja-amarga em witbiers e dão um sabor bem característico. Adicione no fim da fervura ou no quarto dia de fermentação.

ANIS-ESTRELADO
Use anis-estrelado em ales tipo belga e em lotes especiais, para um sabor doce e pungente. Adicione nos últimos minutos da fervura ou no quarto dia de fermentação.

CANELA EM PAU
Incrementa o aroma e o sabor. Por isso, adicione em cervejas escuras e encorpadas, nos últimos minutos da fervura ou no quarto dia de fermentação.

RAIZ DE ALCAÇUZ
Confere um sabor doce característico. Para ser usada em cervejas fortes especiais e clássicas. Adicione nos últimos minutos da fervura ou no quarto dia de fermentação.

FAVAS DE BAUNILHA
Use somente uma ou duas favas em receitas de stout e porter, para um sabor adocicado e cálido. Adicione nos últimos minutos da fervura ou no quarto dia de fermentação.

PIMENTA-MALAGUETA
Também conhecida como chili pepper, deixa gosto residual seco e um toque queimado. Combina com cervejas mexicanas. Acrescente no quarto dia de fermentação.

ZIMBRO
Principal aromatizante do gim, pode ser acrescentado a cervejas para dar um toque parecido. Coloque nos últimos minutos da fervura ou no quarto dia de fermentação.

FRUTOS DE ROSEIRA
Use-os com moderação para dar personalidade a cervejas especiais e fortes. Adicione nos últimos minutos da fervura ou no quarto dia de fermentação.

BAGAS DE SABUGUEIRO
Famosas na indústria vinícola, dão um sabor de vinho do porto que cai muito bem em cervejas fortes. Use uma quantidade pequena no quarto dia de fermentação.

FLORES DE SABUGUEIRO
Perfeitas em summer ales, podem ficar pronunciadas demais – use-as em pequena quantidade. Adicione nos últimos minutos da fervura ou no quarto dia de fermentação.

FOLHAS DE LIMÃO-KAFFIR
Com sabor e aroma picantes, também dão um sabor limpo e cítrico. Adicione nos últimos minutos da fervura ou no quarto dia de fermentação.

MORANGO
Use alguns morangos em cervejas pale e lagers para um leve sabor adocicado. Adicione por volta do quarto dia de fermentação.

FRAMBOESA
Cai bem em cervejas de trigo belgas e amargas e dá um toque doce e frutado. Acrescente no quarto dia de fermentação.

CEREJA
Muito usada em cervejas kriek belgas, equilibra o álcool e o amargor. Acrescente por volta do quarto dia de fermentação.

CASCA DE LARANJA
Use casca de laranja doce em cervejas belgas e especiais, para dar um caráter de cointreau. A casca da laranja-amarga confere sabor agradável a cervejas belgas e de trigo, mas sem amargor, apesar do nome. Adicione nos últimos minutos da fervura ou no quarto dia de fermentação.

CASCA DE LIMÃO-SICILIANO E LIMÃO
A casca de limão-siciliano dá um toque cítrico a pale ales e summer leves. A casca de limão em pale ales acrescenta notas de sementes de coentro e capim-limão e um vigor refrescante. Adicione nos últimos minutos da fervura ou no quarto dia de fermentação.

PONTAS DE URZE
Tradicionalmente usada em ales escocesas conhecidas como Fraoch, a urze confere sabor e aroma de grama e menta. As pontas eram usadas em receitas de cerveja no lugar do lúpulo, por darem amargor. Adicione nos últimos minutos da fervura ou no quarto dia de fermentação.

Primeiros passos

Antes de começar

Produzir sua própria cerveja deve ser uma experiência agradável e gratificante. Para ter certeza de que o processo correrá tranquilamente, considere quatro fatores-chave antes de começar.

QUAL TIPO DE CERVEJA VOCÊ DESEJA CRIAR?
Você deve ser capaz de produzir em casa qualquer tipo de cerveja existente no mercado. Porém, em razão do processo envolvido, alguns estilos requerem equipamento adicional e técnicas mais avançadas. Se for novato, comece com uma receita mais simples, como a pale ale *(pp. 112-30)*, a bitter *(pp. 140-9)* ou a stout *(pp. 174-81)*. Receitas de lager *(pp. 82-107)* são mais complicadas, porque precisam ser fermentadas e armazenadas em temperaturas mais frias. Caso escolha a lager, compre uma geladeira velha e ligue-a a um controlador de temperatura digital *(p. 53)*, para regular a temperatura e obter resultados excelentes.

DICAS PARA PRODUZIR CERVEJA CASEIRA

- Verifique se tem todos os equipamentos e ingredientes necessários antes de começar.
- Crie uma lista para conferir o que fazer em cada etapa.
- Ao comprar ingredientes, encomende quantidades extras de levedura seca, extrato de malte e açúcar para fermentação, para não desperdiçar um lote de cerveja se a levedura falhar, por exemplo, ou se precisar de mais açúcar.
- O processo pode levar mais tempo do que o esperado, principalmente no método all-grain. Por isso, comece cedo.
- Convide um amigo – é mais divertido, além de possibilitar dividir os custos e a carga de trabalho.
- Não colete amostras dos lotes de cerveja antes de concluir a produção do dia!

QUAL MÉTODO VOCÊ VAI USAR?

Há três modos de produzir cerveja caseira – usando kit, extrato de malte ou o método all-grain *(pp. 44-5)*. O processo escolhido determinará o tipo de equipamento e os ingredientes que precisará comprar antes de começar.

O modo mais simples é usar um kit. Ótimo para principiantes, é fácil de usar e produz cerveja de alta qualidade. Se passar para métodos mais avançados, seu investimento não será desperdiçado, porque o equipamento para produzir cerveja com kit também é usado nos métodos com extrato de malte e all-grain.

O método com extrato de malte também é simples e permite produzir uma variedade maior de cervejas. Muitas das receitas deste livro trazem variações com extrato de malte.

ONDE VAI PRODUZIR A CERVEJA?

Essa atividade envolve sujeira e bagunça, por isso é preciso escolher com cuidado o ambiente certo. Para a maioria das pessoas, a cozinha é o melhor lugar para preparar o mosto, com acesso a água fresca, escoamento e fonte de calor. Como serão criados vapores com cheiro muito forte, ao usar as receitas com extrato de malte ou full-grain, um espaço externo pode ser mais adequado.

Assim que tiver produzido o mosto, encontre um lugar apropriado para deixar 27 litros de líquido para fermentar em temperatura constante e longe da luz direta. A maioria das leveduras de ale, por exemplo, exige uma temperatura ambiente elevada, e será preciso um aquecedor *(p. 50)* se o lugar for frio.

DESCUBRA UM BOM FORNECEDOR

Ao pensar em produzir sua cerveja, você vai precisar de equipamentos, ingredientes e, talvez, orientações – encontrar um bom fornecedor é a solução. Se tiver a sorte de contar com um especializado onde mora, procure-o. Ele ficará feliz em ajudá-lo. É importante também que ele disponha de variedade de leveduras (incluindo as líquidas), lúpulo embalado a vácuo e equipamentos.

Se não houver uma loja de cervejaria caseira na sua região, existem sites de venda on-line que poderão fornecer o que você precisa. Provavelmente, são capazes de dar conselhos e apoio, se necessário. Fóruns on-line também são excelentes para encontrar dicas e dividir suas experiências com outros cervejeiros artesanais.

Três métodos de produção

Produzir cerveja em casa pode ser fácil ou complexo, dependendo da sua vontade. Há três modos de fazer o mosto – cada um mais avançado do que o anterior.

MÉTODO 1 – COM UM KIT

Nesse que é o modo mais simples *(veja técnicas passo a passo nas pp. 54-5)*, o mosto é preparado previamente por um produtor de malte, que depois retira a maior parte da água, o que cria um pequeno volume de líquido semelhante a melado. Esse composto deve ser reidratado em casa para render o volume necessário para um lote de cerveja. Leva apenas 20-30 minutos e não exige conhecimento prévio. A qualidade dos kits domésticos melhorou muito nos últimos anos, e cervejarias profissionais desenvolvem alguns que reproduzem cervejas comerciais.

VANTAGENS
- Rápido de preparar
- Simples de usar e não exige conhecimento prévio
- Requer apenas o equipamento básico

DESVANTAGENS
- Oferece pouca chance de personalizar a receita
- Algum aroma do lúpulo se perde durante o processo de produção

MÉTODO 2 – COM EXTRATO DE MALTE

Nesse modo *(veja técnicas passo a passo nas pp. 56-7)*, deve-se acrescentar extrato de malte [não lupulado] – em forma líquida ou desidratada – à água e fervê-lo com lúpulo, acrescentado em intervalos. O mosto é então esfriado para que possa ser fermentado. Esse método é mais complicado do que o do kit e requer equipamento adicional *(pp. 48-53)*, mas o resultado é gratificante, pois a produção com extrato de malte é muito apreciada e pode produzir bebidas dignas de premiação.

VANTAGENS
- Produz boa variedade de cervejas e estilos
- Pode-se usar grãos de especiarias para aromatizar
- Você se envolve mais no processo e ganha confiança e conhecimento

DESVANTAGENS
- Nem todos os maltes estão disponíveis na forma de extrato
- Método mais caro (custo do extrato de malte)
- Requer mais tempo e equipamentos

MÉTODO 3 – ALL-GRAIN

É a técnica usada nas cervejarias profissionais. Consiste de três processos-chave – a brassagem, o sparge e a fervura *(veja técnicas passo a passo nas pp. 58-61).* Oferece máxima flexibilidade e permite reproduzir qualquer tipo de cerveja. Exige, entretanto, mais conhecimento, equipamento, tempo e esforço, não sendo apropriado para todas as pessoas. Pode ser vantajoso passar pelos dois primeiros métodos para ganhar experiência e confiança, antes de chegar ao método all-grain.

VANTAGENS

- Permite produzir um número ilimitado de estilos
- Usa os ingredientes mais baratos
- Oferece controle total sobre os ingredientes usados
- Produz cerveja da mais alta qualidade

DESVANTAGENS

- A fabricação pode levar muitas horas
- Pode gerar muita sujeira
- Mais coisas podem dar errado
- Requer mais equipamentos

Estrutura de três etapas do método all-grain

Normalmente, para esse método, usam-se três recipientes – um tanque de água quente para aquecer e armazenar a água, uma cuba de brassagem para produzir mosto doce e uma panela (ou caldeirão) de fervura para ferver o mosto com o lúpulo, a fim de esterilizá-lo e acrescentar sabor e aroma. Em ambiente doméstico, o fluxo da água e do mosto pode ser alcançado pela gravidade, com uma estrutura escalonada. Sistemas paralelos também poderão ser usados, mas exigem uma bomba.

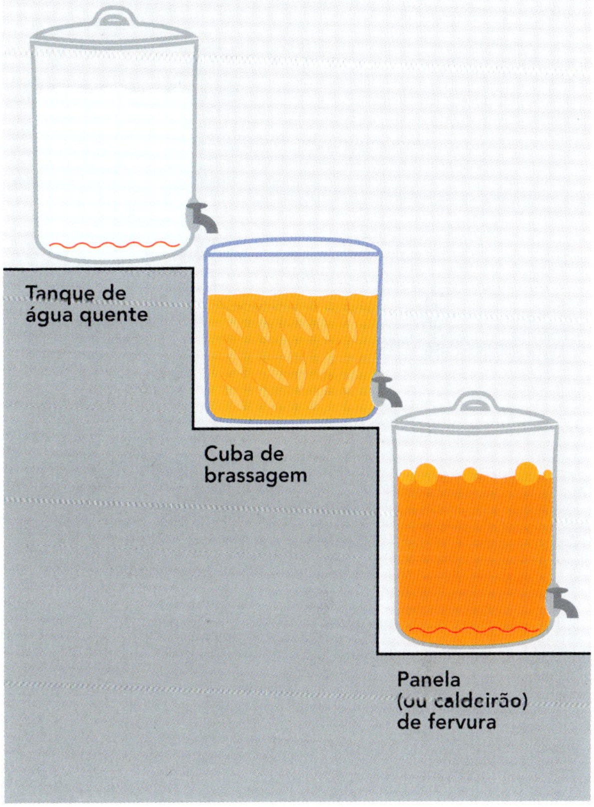

Método all-grain com brassagem em saco

A cerveja pelo método all-grain pode ser produzida em uma só panela de fervura, pelo método de brassagem em saco. A água é aquecida à temperatura de brassagem, e acrescentam-se os grãos em um saco para essa etapa, que é retirado antes da fervura. Custa menos do que o método all-grain típico, e o processo é mais rápido e mais limpo – no entanto, exige um recipiente bem grande, e a extração dos açúcares fermentadores dos grãos não é tão eficiente.

A importância da sanitização

A chave para fabricar grandes cervejas é dar atenção especial à sanitização. As cervejarias comerciais gastam tanto tempo na limpeza e na esterilização do equipamento quanto na produção.

Higienização deficiente é a principal causa de lotes de cerveja estragados. Assim como é o ambiente ideal para a propagação das leveduras, o mosto preparado também é o hospedeiro perfeito para bactérias nocivas – e uma cerveja contaminada dificilmente poderá ser salva. Sanitização adequada é ainda mais importante nos meses de verão, quando há mais bactérias transportadas pelo ar.

LIMPAR E ESTERILIZAR

Sanitização adequada implica limpar e esterilizar todo o equipamento. Habitue-se a limpar tudo, logo depois do uso – sujeira e restos são mais fáceis de remover antes que sequem. Lembre-se também de desmontar as torneiras dos recipientes e escovar com cuidado as roscas, que comumente são áreas mais problemáticas para uma higienização eficiente.

Depois de limpo, o equipamento precisa ser esterilizado, para a eliminação de bactérias. Todas as peças que entram em contato com o mosto depois da fervura precisam ser esterilizadas, incluindo os tubos de teste, hidrômetros, termômetros e colheres. Dependendo do tipo de produto esterilizador *(ao lado)*, será preciso enxaguá-lo em seguida.

COMO LIMPAR AS GARRAFAS

Essa pode ser uma tarefa difícil, especialmente se os sedimentos da levedura secarem no fundo (lavar as garrafas tão logo sejam esvaziadas poupa tempo e esforço). Se as garrafas estiverem muito sujas, mergulhe-as em uma solução leve de água sanitária por uma hora. Remova a sujeira com escova apropriada, higienize e enxágue as garrafas.

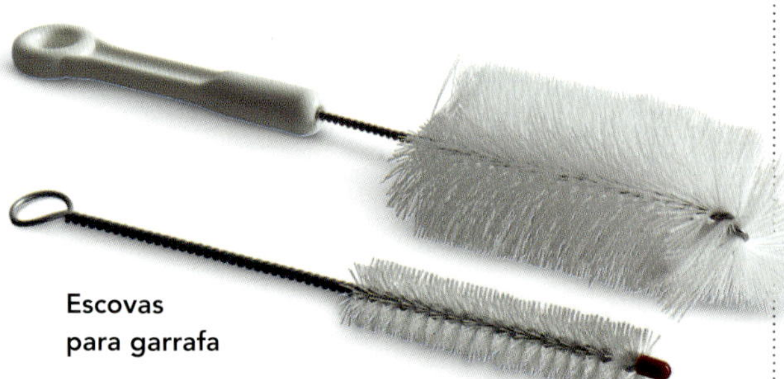

Escovas para garrafa

ESTERILIZADORES ÁCIDO-BÁSICOS

Apropriados para a maioria dos materiais, incluindo o aço inoxidável, os esterilizadores ácido-básicos são fáceis de usar, agem rapidamente – muitas vezes em 30 segundos – e exigem enxágue mínimo. De fato, um produto espumoso, como o Star San [produto importado], não necessita de enxágue, mas requer água com pH menor do que 3,5 *(veja mais informações sobre água nas pp. 36-7)*, e talvez seja preciso usar água destilada. Você saberá que o pH da água está muito alto se ela ficar turva quando o esterilizador for adicionado.

ESTERILIZADORES À BASE DE CLORO

Produtos contendo cloro são tão eficazes na eliminação de bactérias que basta usar uma quantidade mínima. Uma solução de 1 ml de cloro puro diluído em mil litros de água já é apropriada. Não se deve mergulhar os recipientes de aço inoxidável em produtos à base de cloro, pois provocam corrosão com o passar do tempo. Enxágue com água quente depois de usá-los.

Os produtos à base de cloro encontram-se à venda em forma líquida ou em pó; fáceis de aplicar, basta seguir as orientações de uso de cada um.

Água sanitária doméstica

A fonte mais comum de cloro é a água sanitária doméstica, que tem cerca de 5% de cloro puro. Prepare uma solução de 0,5 ml de água sanitária por litro de água e deixe os recipientes e o equipamento de molho por 30 minutos. Para resíduos persistentes, use uma solução mais forte, de até 3 ml por litro, e deixe de molho durante a noite. Evite água sanitária perfumada, porque pode passar odores indesejados.

ESTERILIZADORES À BASE DE IODO

O Iodofor é o produto à base de iodo mais comum e pode ser um esterilizador muito eficiente. Como o cloro, os produtos à base de iodo causam corrosão no aço inoxidável se ficarem em contato com ele por longos períodos. Também têm uma cor marrom-clara que pode manchar produtos de plástico – mas, embora prejudiquem a aparência, não causam problemas.

SOBRE O METABISSULFITO DE SÓDIO

Embora alguns cervejeiros usem o metabissulfito de sódio (também conhecido como comprimido Campden) para esterilizar o equipamento, a prática não é recomendada. O crescimento de bactérias não é suficientemente inibido pelo produto, e sua cerveja ainda pode ficar contaminada.

O metabissulfito de sódio é mais adequado para a produção de vinho e de sidra, cujos níveis de acidez são mais altos, e o produto induz a produção de dióxido de enxofre (eliminador efetivo de bactérias resistentes). Os vinhos e as sidras têm níveis mais elevados de álcool, o que também ajuda a prevenir contaminações futuras.

DICA DO CERVEJEIRO

Ranhuras e sulcos são o esconderijo ideal para bactérias, por isso verifique regularmente seu equipamento e substitua-o se necessário.

Esterilizador à base de cloro (líquido)

Esterilizador ácido-básico

Esterilizador à base de cloro (em pó)

Equipamento de produção

O equipamento básico necessário para fazer cerveja em casa não é caro e pode ser usado para os três métodos de produção – embora os processos com extrato de malte e all-grain exijam mais equipamento do que o kit.

EQUIPAMENTO DE PRODUÇÃO – QUADRO GERAL

Equipamento	Produção com kit	Produção com extrato de malte	Produção com método all-grain
Fermentador *(ao lado)*	✓	✓	✓
Hidrômetro e tubo de teste *(ao lado)*	✓	✓	✓
Sifão *(ao lado)*	✓	✓	✓
Colher cervejeira *(ao lado)*	✓	✓	✓
Termômetro *(p. 50)*	✓	✓	✓
Balde (ou barril) de maturação *(p. 50 e pp. 68-9)*	✓	✓	✓
Abridor de lata e chaleira *(p. 50)*	✓	N/A	N/A
Válvula airlock *(p. 50)*	OPCIONAL	OPCIONAL	OPCIONAL
Aquecedor *(p. 50)*	OPCIONAL	OPCIONAL	OPCIONAL
Mangueira para encher garrafa *(p. 50)*	OPCIONAL	OPCIONAL	OPCIONAL
Panela (ou caldeirão) de fervura *(p. 51)*	N/A	✓	✓
Balanças *(p. 51)*	N/A	✓	✓
Timer digital *(p. 51)*	N/A	✓	✓
Sacos para grãos *(p. 51)*	N/A	OPCIONAL	OPCIONAL
Resfriador *(p. 51)*	N/A	OPCIONAL	OPCIONAL
Cuba de brassagem *(p. 52)*	N/A	N/A	✓
Braço de sparge *(p. 52)*	N/A	N/A	✓
Tanque de água quente *(p. 52)*	N/A	N/A	✓
Hop back *(p. 53)*	N/A	OPCIONAL	OPCIONAL
Frasco Erlenmeyer *(p. 53)*	N/A	OPCIONAL	OPCIONAL
Stir plate *(p. 53)*	N/A	OPCIONAL	OPCIONAL
Beer gun *(p. 53)*	N/A	OPCIONAL	OPCIONAL
Controlador de temperatura e geladeira de fermentação *(p. 53)*	N/A	OPCIONAL	OPCIONAL
Software para fabricação de cerveja e aplicativos *(p. 53)*	N/A	N/A	OPCIONAL
Medidor digital de pH *(p. 53)*	N/A	N/A	OPCIONAL
Refratômetro *(p. 53)*	N/A	N/A	✓

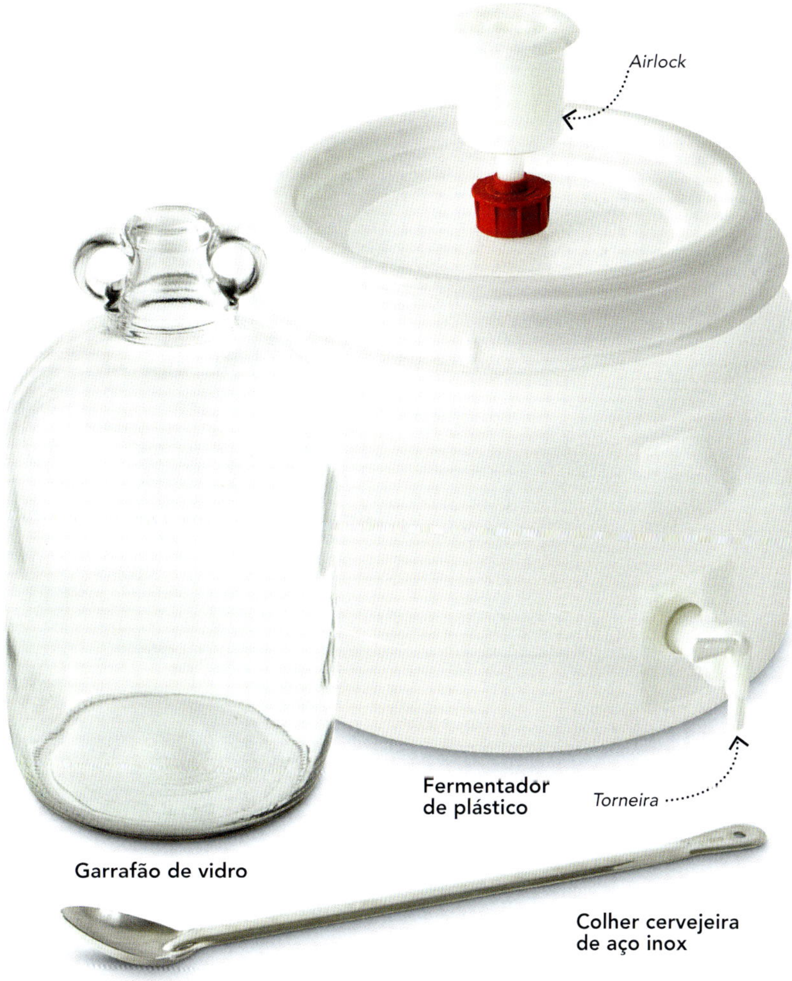

BALDES DE FERMENTAÇÃO

É preciso um recipiente adequado para a fermentação do mosto. Há três tipos principais:

- **Fermentador [balde alimentício] de plástico**

O tipo mais comum. Barato, durável e fácil de limpar, é encontrado em diversos tamanhos – de 5 litros até 210 litros (no Brasil, os mais comuns vão até cerca de 50 litros). Alguns modelos vêm com airlock e torneira.

- **Garrafão de vidro**

Esse tipo popular de fermentador não forma ranhuras facilmente, não mancha nem contamina a cerveja com aromas indesejáveis. Além disso, permite observar a levedura fermentar. Entretanto, os garrafões de vidro podem ficar muito pesados quando cheios e são difíceis de limpar.

- **Fermentador de aço inox**

Resistente, é fácil de limpar e protege a cerveja da luz solar. Muitos têm fundo cônico, para permitir que a levedura se deposite fora do mosto. Mas esse é o tipo mais caro.

COLHER CERVEJEIRA

A colher de cabo longo é essencial para misturar ingredientes em recipientes grandes e introduzir oxigênio antes da inoculação da levedura. As colheres de aço inox são mais fáceis de ser mantidas limpas e livres de bactérias.

HIDRÔMETRO E TUBO DE TESTE

O hidrômetro é usado para medir a densidade específica de um líquido. Composto de haste de vidro e escala, com um bulbo em uma das pontas, é colocado na amostra de cerveja (coletada no tubo de teste), na qual boia num nível particular, conforme a densidade da cerveja. Como o álcool é menos denso do que o açúcar, o hidrômetro flutua num nível mais baixo conforme a fermentação progride. Com uma leitura anterior à fermentação (densidade original ou OG, em referência ao inglês) e uma posterior (densidade final ou FG), pode-se determinar quando a fermentação acabou e calcular o teor de álcool da cerveja *(para leitura de densidade e cálculo de teor alcoólico, veja p. 65)*.

SIFÃO

O sifão serve para transferir a cerveja e retirá-la do alto do recipiente, em vez de extraí-la do fundo –, deixando em repouso qualquer sedimento assentado no fundo. Pode ser apenas um pedaço de mangueira. Alguns têm coletor de sedimentos em uma ponta, para evitar que os resíduos sejam sugados, e uma torneira na outra ponta, para controlar o fluxo.

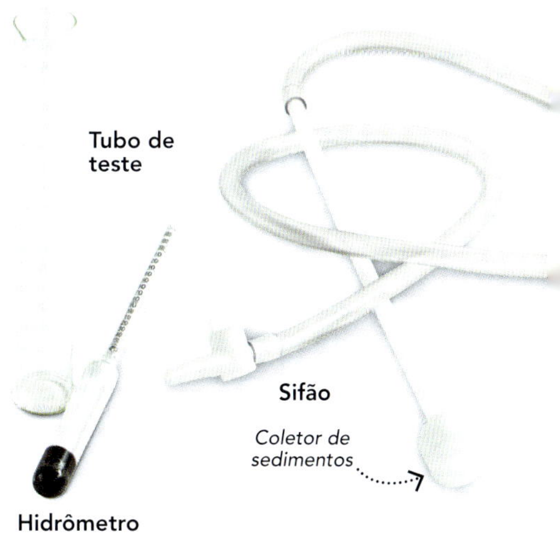

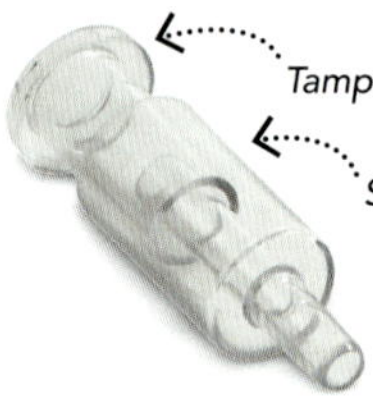

Airlock simples

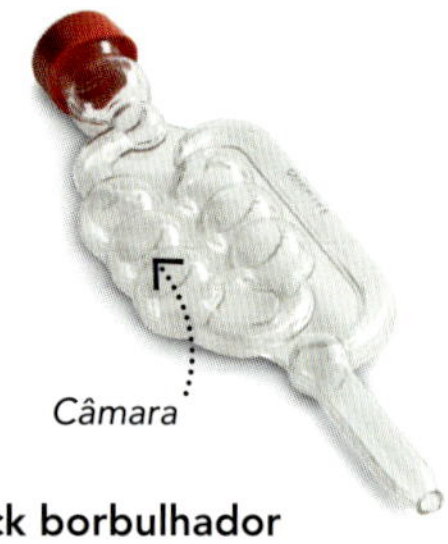

Airlock borbulhador

Cinto aquecedor

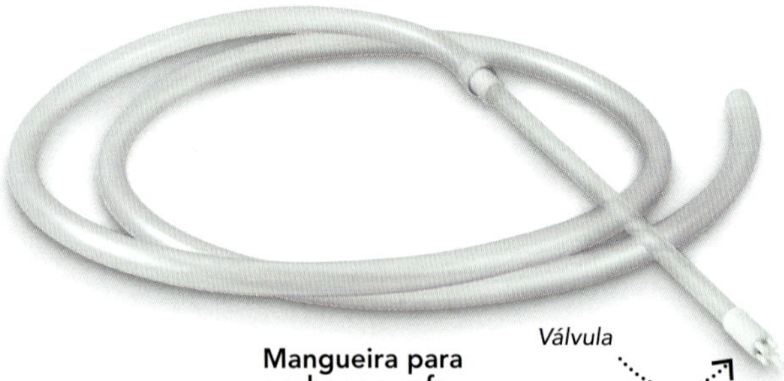

Mangueira para encher garrafa

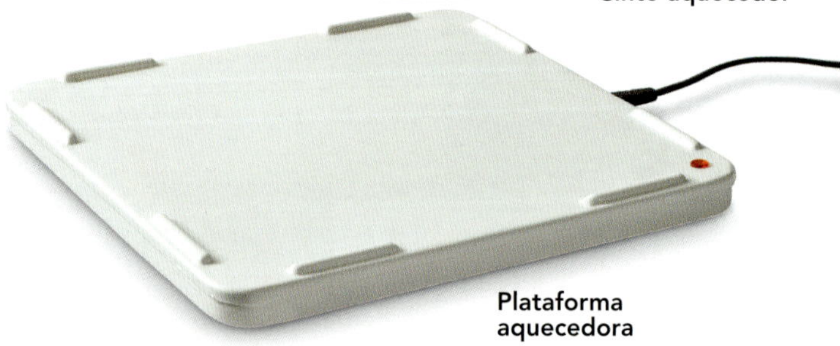

Plataforma aquecedora

AIRLOCK

É uma válvula ajustada com tampão ou anel de borracha, no alto do fermentador vedado, que deixa o dióxido de carbono sair conforme cresce a pressão durante a fermentação, mas evita que as bactérias presentes no ar alcancem o mosto. Existem dois tipos de airlock:

- **Airlock borbulhador**

Consiste de uma série de câmaras cheias de água. A água age como uma barreira entre a cerveja e o ar exterior, mas permite que o CO_2 borbulhe por ela (deixando visível o momento em que a fermentação começou).

- **Airlock simples**

Esse tipo consiste de uma seringa de plástico com tampa separada. A tampa se desloca quando a pressão no fermentador cresce, deixando o CO_2 escapar, mas permanece no lugar sobre a seringa para impedir que entrem bactérias. É mais fácil de limpar do que um airlock borbulhador, porque as partes podem ser separadas facilmente e higienizadas com uma escovinha.

MANGUEIRA PARA ENCHER GARRAFA

Libera a cerveja desejada, de modo a evitar que derrame no engarrafamento.

AQUECEDORES

Se a temperatura ambiente em que vai fermentar a cerveja for baixa, use um destes aquecedores:

- **Cinto aquecedor**

É passado em volta do fermentador. É o tipo mais barato de aquecedor, mas não permite ajuste de temperatura.

- **Plataforma aquecedora**

Coloque-a no chão e ponha o fermentador sobre ela. Aquece até uma temperatura estabelecida acima da temperatura ambiente.

- **Aquecedor de imersão**

É necessário mergulhá-lo no mosto. É a opção mais cara – tem termostato ajustável para o controle preciso da temperatura.

TERMÔMETROS

O termômetro é vital para monitorar a temperatura do mosto durante a fermentação. Os métodos com extrato de malte e all-grain também necessitam dele na preparação de água quente para demolha, brassagem e sparge. Há três tipos:

- **Termômetro de vidro para bebida**

O mais barato, preciso e versátil.

- **Termômetro autoadesivo**

Feito de cristal líquido, fixado na parte externa do fermentador, facilita o monitoramento.

- **Termômetro digital**

O mais fácil de ser usado e lido, é também o mais caro.

BALDE (OU BARRIL) DE MATURAÇÃO

Todo cervejeiro precisa de um recipiente para armazenar a bebida enquanto ela amadurece. Pode ser um barril de pressão, um barrilete, um balde plástico alimentício ou garrafas *(para armazenamento, veja pp. 68-9)*.

ABRIDOR DE LATA E CHALEIRA

O método com kit necessitará de abridor de lata (muitos kits vêm enlatados) e chaleira para adicionar água fervente ao fermentador na dissolução do extrato de malte.

Equipamento extra para os métodos com extrato de malte e all-grain

Panela de aço inox

Panela de fervura de plástico

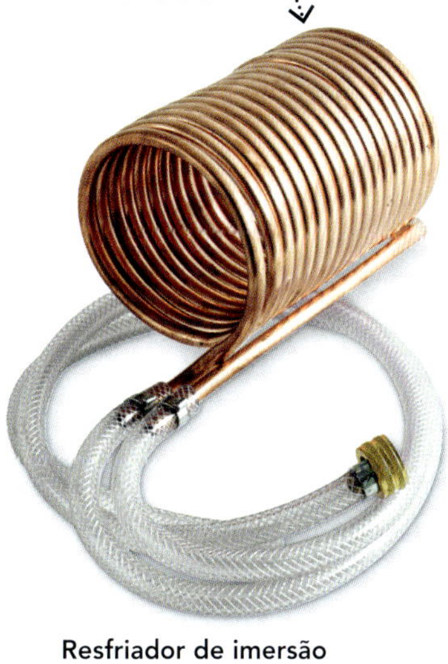

Resfriador de imersão

PANELA (OU CALDEIRÃO) DE FERVURA

Para os métodos com extrato de malte e all-grain, será preciso um recipiente (também conhecido como panela cervejeira) para ferver grande quantidade de líquido. Os caldeirões podem ser de aço inox (resistentes e fáceis de limpar) ou esmaltados (resistentes e não mancham). É preciso escolher um modelo com "espaço de espuma" suficiente no alto para evitar transbordamento – para ferver um lote de 23 litros, será preciso uma panela com capacidade para 30 litros. Há também um modelo de plástico, no qual o calor é fornecido por um dispositivo elétrico embutido ou por um bico de gás separado.

RESFRIADOR

Permite o resfriamento rápido e eficiente de grandes volumes de mosto quente, o que reduz o risco de contaminação e cria uma "ruptura fria" em que as proteínas do mosto se aglomeram e vão para o fundo do caldeirão, onde ficam menos sujeitas a ser transferidas para o fermentador. Há dois tipos:

- **Resfriador de imersão**

Consiste de uma serpentina de cobre ou aço inox que é mergulhada no mosto quente. A água fria passa por uma mangueira de plástico ligada a cada extremidade da serpentina para o resfriamento. Pode resfriar 23 litros de mosto perto da fervura até a temperatura de fermentação (cerca de 20°C), em 30 minutos.

- **Resfriador de contrafluxo**

Consiste de uma série de placas de metal montadas em uma unidade fechada. Passa-se água fria por uma canaleta em uma ponta da unidade e mosto quente por uma canaleta na outra ponta. As placas de metal entre elas funcionam como trocadores de calor e resfriam o mosto. Esse modelo pode necessitar de uma bomba adicional e é difícil de limpar e mais caro do que o de imersão.

BALANÇAS

Será preciso pesar cada adição de grãos e lúpulo para as receitas com extrato de malte e all-grain. As balanças digitais são suficientemente sensíveis para medir com precisão cada pequena adição de lúpulo.

TIMER DIGITAL

Usado para avisar o momento exato de cada adição de lúpulo.

SACOS PARA GRÃOS

Feitos de musselina, facilitam a adição e a remoção de grãos especiais durante a demolha.

Equipamento extra para o método all-grain

CUBA DE BRASSAGEM
É o recipiente em que se misturam os grãos e a água quente durante a brassagem *(p. 59)*. A cuba deve ser bem vedada e capaz de manter uma temperatura constante por todo o processo de brassagem – não perdendo mais do que 1°C em 90 minutos. Muitas cubas de brassagem são apenas caixas térmicas adaptadas com torneira e um filtro para os grãos. São encontradas em fornecedores para produção de cerveja artesanal. Ou você mesmo pode adaptar uma caixa térmica. A brassagem também pode ser feita numa panela cervejeira de aço inox, mais resistente e mais fácil de limpar.

BRAÇO DE SPARGE
Usado para enxaguar os grãos durante o sparge *(p. 60)*, o braço rotativo funciona como um sprinkler. Formado por um tubo oco de aço inox com furinhos ao longo do comprimento, roda livremente, borrifando a superfície dos grãos. A barra de suporte permite que seja colocado sobre a cuba de brassagem.

TANQUE DE ÁGUA QUENTE
Recipiente usado para aquecer e armazenar a água exigida nas diversas etapas do método all-grain – brassagem, sparge e fervura *(pp. 58-61)*. Embora seja possível usar uma panela de fervura *(p. 51)* para aquecer e armazenar a água, é mais rápido e prático usar um recipiente separado. Um tanque de água quente é particularmente útil, por exemplo, se estiver tratando a água previamente *(pp. 36-7)*, pois permite preparar e armazenar o volume total antecipadamente. Por isso o tanque deverá ser maior do que o boiler, embora o sistema de aquecimento não precise ser tão potente, já que será usado apenas para aquecer a água à temperatura do mosto e de sparge, e não para fervê-la.

Cuba de brassagem de plástico

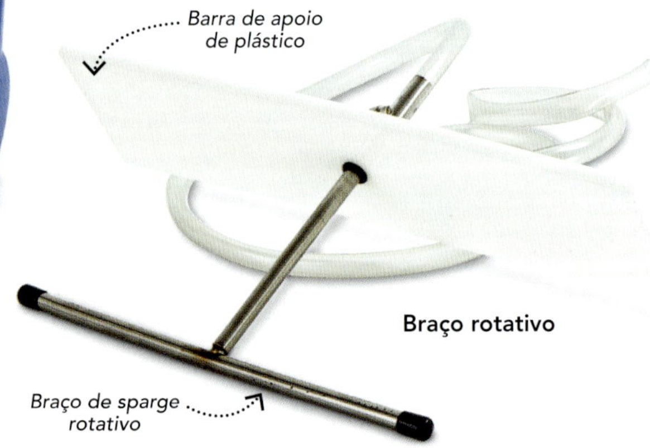

Braço rotativo

Equipamento avançado

REFRATÔMETRO

Preciso e simples de usar, é o equipamento ótico que mede a densidade do líquido com base no seu índice de refração. Basta pingar algumas gotas de líquido no prisma, e você pode usá-lo em vez do hidrômetro e do tubo de teste *(p. 49)* para determinar a densidade específica da cerveja. Muitos refratômetros ajustam-se automaticamente à temperatura, o que os torna ideais para leituras do mosto quente durante o sparge *(p. 60)*.

Prisma ótico

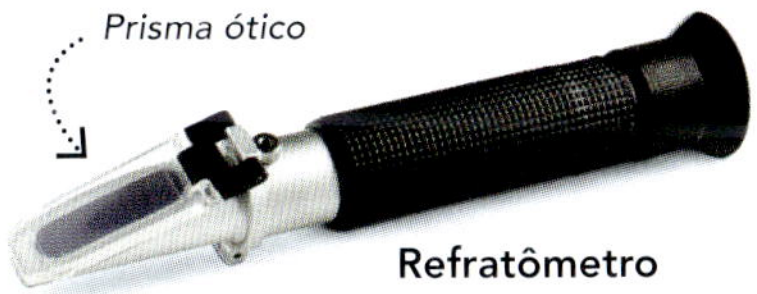

Refratômetro

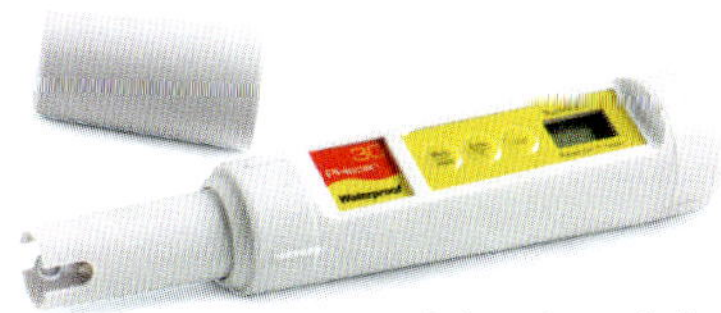

Medidor digital de pH

Frasco Erlenmeyer

Hop back

MEDIDOR DIGITAL DE PH

Cervejeiros experientes em all-grain o utilizam para medir a acidez da brassagem. São dispositivos simples de usar e calibrar, dão uma leitura precisa e são mais fáceis de ler do que tiras de papel para teste de pH.

FRASCO ERLENMEYER

Inventado pelo químico alemão Emil Erlenmeyer, é um recipiente cônico, útil para fazer starters de levedura *(pp. 62-3)*. Nele você pode combinar, aquecer e fermentar o starter, e a forma cônica permite sacudi-lo para introduzir oxigênio sem provocar respingos. Deve ter capacidade de pelo menos 1 litro a mais do que o volume do starter.

HOP BACK

É um tipo de infusor usado para extrair óleos delicados do lúpulo e aromas que se perderiam durante a fervura. No final da fervura, passa-se o mosto pela unidade antes de despejá-lo em um resfriador de contrafluxo *(p. 51)*, no qual o mosto é resfriado, e os aromas, retidos. Usado tanto em microcervejarias como em cervejarias comerciais, é extremamente eficaz e libera aroma forte de uma pequena quantidade de lúpulo. A versão para a cervejaria artesanal – chamada HopRocket – permite alcançar resultados profissionais.

CONTROLADOR DIGITAL DE TEMPERATURA E GELADEIRA DE FERMENTAÇÃO

Ao controlar a temperatura de fermentação, é possível criar muitos estilos de cerveja e conseguir bons resultados. Muitos cervejeiros colocam o fermentador em uma geladeira velha adaptada com um aquecedor – os dois ligados a um controlador de temperatura. O controlador liga a geladeira como resfriador ou aquecedor, conforme a necessidade.

SOFTWARE PARA FABRICAÇÃO DE CERVEJA E APLICATIVOS

Quando você cria suas receitas com extrato de malte e all-grain, um software e um aplicativo são ideais para ajudar com os cálculos necessários de amargor, cor e densidade. Muitos aplicativos criam agendas de trabalho que o ajudam a programar seu dia de produção; alguns fazem até listas de compras de ingredientes *(para detalhes de recursos on-line, veja p. 213)*.

STIR PLATE [AGITADOR MAGNÉTICO]

É uma barra de metal colocada no recipiente de fermentação, movida por força magnética, a fim de agitar continuamente o líquido dos starters de levedura *(pp. 62-3)*.

BEER GUN

Trata-se de um dispositivo que permite transferir para garrafas a cerveja que foi armazenada e carbonatada em um barril, sem adicionar açúcar de priming *(p. 66)* – o que resulta na redução dos sedimentos que costumam se depositar no fundo.

Como usar um kit

Boa maneira de se iniciar no processo de produção artesanal, os kits são rápidos e práticos, e basta ter o conhecimento básico. Com cuidado, em semanas, eles podem produzir boas cervejas.

A maioria dos kits rende cerca de 23 litros de bebida, embora cervejas mais fortes possam ser produzidas em volumes menores. Antes de começar, verifique a validade dos ingredientes e se o equipamento é adequado. Leia as instruções e observe a quantidade de água a ser adicionada.

TRÊS TIPOS DE KITS

- Kits de uma lata de líquido vêm com uma lata (ou embalagem plástica) de extrato de malte lupulado. Requerem mais açúcar ou extrato de malte para aumentar a quantidade de açúcares fermentáveis e atingir a densidade inicial correta.
- Kits de duas latas de líquido *(passo a passo a seguir)* contêm duas vezes a quantidade de malte líquido; não precisam de açúcar extra. Criam cervejas mais encorpadas e mais profissionais do que outros kits.
- Kits de malte seco contêm extrato de malte em pó e podem necessitar de adição de açúcar ou extrato de malte. Verifique as instruções.

EQUIPAMENTO

- Panela grande
- Abridor de lata
- Fermentador
- Colher ou pá cervejeira
- Hidrômetro e tubo de teste
- Termômetro
- Airlock (opcional)

INGREDIENTES

- 1 ou 2 latas de extrato de malte líquido (ou malte seco)
- 1 pacote de levedura para cerveja
- Açúcar, lúpulo ou fruta extra (se necessário)

PREPARO 20 MINUTOS

1 **Coloque as latas** de extrato de malte em uma panela com água quente. Isso amolecerá o conteúdo, deixando-o mais fácil de despejar. Enquanto as latas aquecem, esterilize o equipamento *(pp. 44-5)*.

2 **Abra as latas** e esvazie o conteúdo no fermentador. Acrescente uma chaleira de água fervente ao extrato de malte. Use luvas protetoras e enxágue as latas com um pouco mais de água fervente.

PREPARAÇÃO DO MOSTO 10 MINUTOS

3 **Acrescente água fria** para formar o volume necessário, despejando-a do alto para criar um borrifo, e mexa vigorosamente. Isso oxigena o mosto e faz a levedura multiplicar-se rapidamente, para uma boa fermentação.

4 **Retire uma amostra do mosto** com um tubo de teste esterilizado (pode usar uma seringa grande, se tiver uma). Faça a leitura com um hidrômetro *(p. 65)* – essa é a densidade original [OG].

INOCULAÇÃO DO FERMENTO 5 MINUTOS

5 **Meça a temperatura** do mosto no fermentador. Se estiver acima de 24°C, tampe e espere esfriar antes de passar para a etapa 6 e inocular o fermento. Se o mosto estiver muito quente, isso poderá matar as células da levedura.

6 **Abra o pacote da levedura** e salpique-a uniformemente sobre o mosto. Verifique as instruções e, se indicado, adicione alguns sachês de lúpulo ou fruta. Tampe o fermentador, encaixe o airlock (se for usá-lo) e deixe fermentar.

Para mais sobre fermentação, veja pp. 64-5

Como usar extrato de malte

Esse método é um pouco mais demorado do que o kit *(pp. 54-5)*, mas o uso de lúpulo fresco e grãos de especiarias cria uma cerveja mais saborosa e aromática.

Muitas pessoas começam a carreira de cervejeiro pelo método com extrato de malte, o que significa acrescentar lúpulo na fervura do extrato de malte não lupulado. A chave para a boa cerveja é usar ingredientes frescos. As receitas deste livro com extrato de malte usam a modalidade seca, que dissolve rapidamente em água fria; extrato de malte líquido, se decidir usá-lo, dissolve melhor em água quente.

QUAL QUANTIDADE DO MOSTO DEVE SER FERVIDA?

É melhor ferver o volume total do mosto (27 litros), se puder. Entretanto, se preferir ferver um volume menor, use 10 litros de água e apenas 1 kg de extrato de malte seco. Isso manterá a densidade baixa – como se você tivesse fervido o volume total –, permitindo assim que o lúpulo transmita o nível correto de amargor. Dez minutos antes do final da fervura, adicione o restante do extrato de malte e complete o fermentador com água fria quando o mosto estiver pronto.

EQUIPAMENTO

- Balança
- Panela de fervura
- Termômetro
- Saco para grãos (opcional)
- Colher ou pá cervejeira
- Resfriador (opcional)
- Fermentador
- Hidrômetro e tubo de teste
- Airlock (opcional)

INGREDIENTES

- Extrato de malte (seco ou líquido)
- Grãos de especiarias (opcionais)
- Lúpulo

PREPARO 30 MINUTOS

1 **Planejar é a chave** para uma produção bem-sucedida. Assim, crie uma panilha para detalhar todas as adições de grãos e lúpulo. Com todo o equipamento esterilizado *(pp. 44-5)*, pese cada porção de grãos ou lúpulo.

2 **Meça o volume indicado** de água na panela de fervura e leve ao fogo. Se a receita pedir grãos demolhados, aqueça a água a 70°C. Caso contrário, leve a água à fervura e pule para o passo 4, ao lado.

PREPARAÇÃO DO MOSTO 40 MINUTOS

3 **Adicione os grãos** à água (use um saco para grãos, se tiver um). Tampe a panela e deixe em infusão por 30 minutos. Mantenha a temperatura a 65-70°C. Coe os grãos (ou retire-os do saco) e leve a água à fervura.

4 **Assim que a água ferver**, retire a panela do fogo e adicione o extrato de malte (se usar o seco, dissolva-o antes em um pouco de água fria). Mexa bem para desfazer os grumos; leve o mosto a uma fervura vigorosa.

FERVURA E RESFRIAMENTO DO MOSTO 1H30–2 HORAS

5 **Adicione a primeira leva de lúpulo** (para o amargor) e ajuste o timer para alertar das adições seguintes (para o sabor). Acrescente lúpulo aromático depois da fervura, mas só quando o mosto esfriar até 80°C.

6 **Resfrie o mosto rapidamente** com um resfriador *(p. 61)* ou colocando a panela em água com gelo. Assim que o mosto chegar a 20-24°C, passe-o para o fermentador, faça a leitura com o hidrômetro e inocule a levedura.

Para inoculação da levedura, veja pp. 62-3

Método all-grain

Esse método avançado exige mais equipamento, habilidade e conhecimento, mas ainda está ao alcance dos cervejeiros novatos. Há três etapas-chave – a brassagem, o sparge e a fervura.

ETAPA 1 – A BRASSAGEM

Para a brassagem *(ao lado)*, deixe o malte de molho em água quente por 1 hora – ou por mais tempo, sem prejuízo do resultado. Assim os amidos dos grãos são liberados e se transformam em açúcares fermentáveis.

ETAPA 2 – O SPARGE

No sparge *(p. 60)*, ocorre o enxágue dos grãos que ficaram de molho para extrair a maior quantidade possível de açúcares. O mosto doce obtido no sparge é então transferido para a panela de fervura.

ETAPA 3 – A FERVURA

Nessa etapa *(p. 61)*, leve o mosto a uma fervura vigorosa e adicione lúpulo em intervalos variados, de acordo com a receita. A fervura deve durar no mínimo 1 hora, período em que o mosto é esterilizado e o lúpulo transfere a quantidade correta de amargor, sabor e aroma.

EQUIPAMENTO

- Balança
- Panela de fervura
- Tanque de água quente (opcional)
- Cuba de brassagem
- Braço de sparge e mangueira
- Colher ou pá cervejeira
- Hidrômetro e tubo de teste
- Airlock
- Resfriador

INGREDIENTES

- Grãos
- Lúpulo
- Agente clarificante

PREPARO ⏰ ATÉ 1 HORA

1 Despeje toda a água na panela de fervura e aqueça-a a 77°C (pode levar até 1 hora, dependendo do seu equipamento e do fogão). Se estiver usando um tanque de água quente com timer, ajuste-o antes do início da produção do dia.

2 Planifique o processo para evitar estresse. Antes, pese os ingredientes, incluindo o agente clarificante (ou musgo-de-irlanda); anote cada adição de lúpulo e horário. Ponha água quente na cuba de brassagem para aquecê-la.

Etapa 1 – A brassagem

A temperatura ideal para a brassagem é 65-68°C. Uma gradação mais alta produz açúcares menos fermentáveis – para cervejas mais doces e fracas; a mais baixa produz açúcares mais fermentáveis – para cervejas mais secas e fortes. Use 2,5 litros de água quente por quilo de grão; adicione mais água quente ou fria para ajustar a temperatura, se necessário.

TRÊS TIPOS DE BRASSAGEM

- Brassagem de infusão de uma etapa *(abaixo)*: a temperatura é mantida constante durante a brassagem. É o método mais simples e comum na cervejaria comercial e na artesanal.
- Brassagem com múltiplas rampas de temperatura: inicia-se a brassagem em baixa temperatura antes de elevá-la e mantê-la repetidas vezes. Isso aumenta o rendimento do malte.
- Brassagem por decocção: a temperatura é aumentada em etapas ao se remover uma porção de grãos, fervê-la em separado e devolvê-la à brassagem principal. Pode ser feita em 1, 2 ou 3 etapas (decocção simples, dupla ou tripla) e produz características extras de malte.

BRASSAGEM "GRUDENTA"

Não mexa demais os grãos ao misturá-los na cuba, para não deixar a brassagem "grudenta". Quando isso ocorre, a drenagem no sparge fica muito lenta, ou a torneira da brassagem entope, o que torna impossível transferir o mosto para a panela. Se isso acontecer, mexa delicadamente os grãos e depois deixe-os assentar. Não se preocupe se o tempo necessário dos grãos na cuba de brassagem ultrapassar 1 hora, porque isso não afetará o resultado.

BRASSAGEM DE INFUSÃO DE UMA ETAPA — CERCA DE 1 HORA

3 **Coloque a água quente** e os grãos na cuba de brassagem. Adicione a água quente necessária pela torneira da panela de fervura ou tanque de água quente; despeje os grãos devagar para não criar grumos ou áreas secas.

4 **Desfaça os grumos** mexendo a brassagem de um lado ao outro com uma colher, mas não mexa demais. Tampe e deixe por 1 hora. Enquanto isso, verifique se a água quente deixada na panela de fervura ainda está a 77°C.

Para o sparge e a fervura, veja pp. 60-1

Etapa 2 – O sparge

Quando os grãos estiverem infundidos, é preciso enxaguar os açúcares fermentáveis da brassagem e despejar o mosto na panela de fervura, processo chamado de sparge. A água para isso deve ficar entre 74-77°C – um grau a mais e os taninos dos grãos serão dissolvidos, criando-se sabores ásperos e adstringentes; alguns graus a menos, e a drenagem ficará menos fluida, e poucos açúcares serão extraídos. Prepare 20 litros de água para o sparge.

TRÊS MÉTODOS DE SPARGE

- Contínuo *(abaixo)*: extrai a maior parte do açúcar dos grãos. Trata-se de aspergir água sobre a superfície dos grãos enquanto se escoa um volume igual de mosto do fundo da cuba.
- Em série: acrescenta-se água quente ao mosto, mexe-se e deixa-se em infusão por 20 minutos. Faz-se o escoamento e devolve-se o líquido para o mosto, a fim de filtrar restos de grãos. Quando o líquido escoado fica límpido, despeja-se o mosto na panela de fervura e repete-se o processo.
- Sem sparge: o mosto é despejado diretamente na panela de fervura. Embora seja mais fácil, muito açúcar fica para trás.

SPARGE EXCESSIVO

Não exagere o sparge. Se a fração drenada ficar abaixo da densidade específica de 1010 quando fizer a leitura, é provável que os taninos estejam começando a ser extraídos dos grãos, o que altera a qualidade da cerveja.

Para verificar a densidade do mosto quente, adicione uma ou duas gotas ao refratômetro *(p. 53)*, e ele automaticamente se ajustará para a temperatura alta.

SPARGE CONTÍNUO ⏰ 30-40 MINUTOS

5 **Recolha o líquido escoado** pela torneira e devolva-o; repita até que o mosto escorra límpido. Instale o braço de sparge e ligue-o ao tanque de água quente. Ligue outra mangueira da torneira da brassagem à panela de fervura.

6 **Abra a torneira do tanque** para começar o sparge. Agora abra a torneira da brassagem para transferir água quente para a panela de fervura; cuidado para não espalhar o mosto. Continue até a panela ficar com 27 litros de mosto.

Etapa 3 – A fervura

Com a panela de fervura preenchida com o volume correto de mosto, leve à fervura alta e adicione o lúpulo de acordo com a receita. Durante a fervura, ácidos alfa, sabores e aromas são extraídos do lúpulo *(para mais sobre lúpulo, veja pp. 28-30)*. A fervura também higieniza o mosto, concentra-o e ajuda-o a se livrar de proteínas indesejadas *(à direita)*.

RESFRIAMENTO DO MOSTO

- No final da fervura, é preciso esfriar o mosto o mais depressa possível até a temperatura certa para inocular a levedura. O resfriamento rápido evita que o mosto seja contaminado e não atrasa a produção. O meio mais eficaz de resfriá-lo é usar um resfriador de imersão *(p. 51 e passo 8, abaixo)*, o que levará à temperatura de fermentação (20°C) em 20 minutos. Para esterilizar o resfriador, coloque-o na panela de fervura nos 10 minutos finais da fervura (ou mergulhe-o em álcool 70).
- Se você não tiver resfriador, coloque a panela sobre uma bacia de água com gelo. É o método mais fácil, mas levará no mínimo 1 hora para resfriar um lote de mosto.

RUPTURA QUENTE E FRIA

A alta temperatura da fervura vigorosa cria uma "ruptura quente", e a rápida redução da temperatura no resfriamento cria uma "ruptura fria". Isso ocorre quando as proteínas no mosto são pressionadas para fora da suspensão no líquido, coagulam e caem no fundo da panela. As rupturas evitam que as proteínas sejam transferidas para o fermentador, o que causaria "turbidez a frio" na cerveja pronta.

FERVURA E RESFRIAMENTO DO MOSTO 1H30-2 HORAS

7 **Leve o mosto à fervura vigorosa** e espere pela ruptura quente antes de adicionar o primeiro punhado de lúpulo (para o amargor). Siga a orientação de tempo da receita, então adicione outros lúpulos (para sabor e aroma).

8 **Coloque o resfriador no mosto** no final da fervura. Deixe fluir água fria lentamente através dele. Quando o mosto atingir 20-22°C, leve-o para o fermentador, abrindo completamente a torneira da panela para oxigenar o mosto.

Para inoculação da levedura, veja pp. 62-63

Inoculação da levedura

Qualquer que seja a forma de produção do mosto, a cerveja precisa de levedura para iniciar a fermentação. Depois, a receita pode pedir mais lúpulo, processo chamado de dry hopping.

A quantidade certa de levedura é a chave da boa fermentação. Inocular a menos sobrecarrega a levedura, o que estende o período *(p. 64)* e aumenta as chances de contaminação. Levedura a mais introduz sabores indesejados e diminui a retenção de espuma. O nível de levedura depende de volume, densidade e temperatura:

- Um pacote de levedura seca basta para fermentar 23 litros.
- Cervejas de densidade mais alta (acima de 1.060) contêm mais açúcares fermentáveis e requerem mais levedura. Use dois pacotes por lote.
- Use dois pacotes por lote quando fermentar em temperaturas baixas.

STARTER DE LEVEDURA

Solução preparada com levedura líquida, extrato de malte seco (DME) e água. O objetivo é propagar as células da levedura antes de inoculá-la, para melhorar a fermentação. Calculadoras on-line *(p. 213)* podem ajudar a determinar o volume de starter necessário.

LEVEDURA SECA *VERSUS* LEVEDURA LÍQUIDA

A levedura seca pode ser polvilhada diretamente sobre o mosto. Usada no prazo de validade e guardada em lugar frio, pode conter células vivas suficientes para fermentar um lote de cerveja. Na levedura líquida, o número de células vivas diminui com o tempo. Em geral, é adequada por quatro meses, mas, quanto mais velha, menor a eficácia. A levedura líquida contém células vivas suficientes para fermentar apenas 18 litros, por isso é melhor preparar um starter *(abaixo)*.

STARTER DE LEVEDURA LÍQUIDA 15 MINUTOS, MAIS 2 DIAS DE FERMENTAÇÃO

1 **Use um recipiente em que caiba** 1 litro a mais do que o volume do starter. Um frasco Erlenmeyer ou cônico é ideal, porque pode ser usado para ferver e resfriar o conteúdo. Dissolva o DME (100 g para starter de 1 litro) em água.

2 **Encha o frasco** com água até o volume indicado e leve à fervura. Depois de 15 minutos, retire do fogo e esfrie em água com gelo (ou ferva o starter em uma panela e passe o mosto resfriado para um recipiente esterilizado).

3 Acrescente a levedura, cubra o recipiente com papel-alumínio e agite bem. Deixe por dois dias e agite periodicamente para introduzir bastante oxigênio. Quando a fermentação estiver completa, deixe os sedimentos assentarem.

4 Despeje todo o líquido antes de inocular a levedura. Quando o mosto do fermentador esfriar até 20-24°C, adicione os sedimentos de levedura, tampe o fermentador e instale o airlock (se for usar)

DRY HOPPING

Consiste em adicionar lúpulo fresco ao fermentador alguns dias depois de inocular a levedura – assim que a fermentação primária *(p. 64)* estiver completa. O dry hopping extrai aromas fortes de uma quantidade relativamente pequena de lúpulo, porque os aromas e óleos essenciais não são eliminados pelo calor da fervura nem pela produção de dióxido de carbono durante a fermentação primária.

- Faça o dry hopping 4 dias após inocular a levedura, quando o álcool estará presente na cerveja – ele eliminará as bactérias do lúpulo – e pouco dióxido de carbono será produzido.
- Use o lúpulo em um saco, para evitar a transferência de partículas para a cerveja pronta e facilitar a remoção.
- Retire o lúpulo após uma semana. Se ficar por mais tempo, poderá introduzir na cerveja uma característica herbácea indesejada.
- Use 25-50 g para um lote, embora isso dependa da força da variedade de lúpulo usada – sinta-se livre para experimentar.
- O dry hopping pode ser realizado em cervejas criadas pelos métodos com kit, extrato de malte ou all-grain.

AGENTES CLARIFICANTES

São adicionados durante a produção para ajudar a clarificar a cerveja. Fazem as partículas suspensas no líquido aglutinarem-se e descerem ao fundo do fermentador, onde ficam menos sujeitas a ser transferidas para a cerveja pronta. Agentes clarificantes são adicionados em dois estágios-chave:

- Durante os últimos 10-15 minutos da fervura. Os clarificantes como o musgo-de-irlanda evitam que as proteínas do malte se transfiram para o fermentador e são muito recomendados.
- Depois de completada a fermentação, para agilizar a etapa final de clarificação. Cervejarias comerciais os adicionam para diminuir o tempo levado pela cerveja para assentar depois do transporte. Para cervejeiros artesanais, é uma opção, já que a densidade clarificará sua cerveja no tempo certo. A ictiocola, produzida na bexiga natatória dos peixes, é uma boa escolha.

O processo de fermentação

Assim que o mosto estiver pronto, com a levedura já inoculada, a próxima etapa do processo de produção é a fermentação – quando o líquido doce e não alcoólico se transforma em cerveja.

TRÊS ESTÁGIOS-CHAVE DA FERMENTAÇÃO

- O primeiro estágio é a fase de latência, ou adaptativa, quando as células da levedura começam a se multiplicar, e o mosto é facilmente contaminado; assim, quanto mais curta a latência, melhor – não mais de 24 horas. Depois desse tempo, uma espuma cremosa e bege-escura (krausen) deve se formar.
- O segundo estágio é a fase primária, ou atenuante – quando a levedura fermenta os açúcares no mosto e produz, entre outras coisas, álcool e dióxido de carbono. Isso leva alguns dias, durante os quais a densidade vai diminuir e a espuma vai abaixar. Nesse ponto, é normal que apareçam um resíduo sujo, partículas boiando e até um cheiro forte.
- Finalmente, há a fase secundária ou de condicionamento, quando a levedura retira os subprodutos indesejáveis (componentes químicos naturais como ésteres e diacetil), o que ajuda a criar uma cerveja límpida e saborosa.

OXIGÊNIO E TEMPERATURA

Durante a fase de latência, a presença de oxigênio é crucial – sem isso, as células da levedura serão incapazes de se multiplicar de maneira eficiente. Para a cerveja caseira, mexer imediatamente antes de inocular a levedura deve ser suficiente para introduzir a quantidade necessária de oxigênio. É importante notar que esse é o único momento em todo o processo de produção em que o oxigênio deve ser introduzido.

Manter o mosto na temperatura certa facilitará o crescimento saudável da levedura e proporcionará o ambiente adequado para a fermentação. Cada cepa de levedura tem melhor desempenho em uma amplitude de temperatura; ao trabalhar dentro dessa faixa, é possível modificar o produto final. Temperaturas mais baixas resultam em cervejas de sabor mais limpo; as mais quentes tendem a produzir elementos adicionais de sabor – ambos os resultados podem ser desejáveis.

DICAS PARA A FERMENTAÇÃO SAUDÁVEL

- Antes de inocular a levedura, introduza muito oxigênio no mosto. Para isso, despeje o mosto resfriado no fermentador depois da fervura e mexa vigorosamente.
- Para ajudar a dar início à fermentação, comece sempre a uma temperatura ligeiramente mais alta do que a indicada na receita. Você pode diminuir a temperatura quando os sinais da fermentação estiverem visíveis.
- Sempre inocule a quantidade certa de levedura saudável – muito pouco, e a fermentação pode estagnar; demais, podem ocorrer alterações de sabor *(para níveis de inoculação, veja p. 62).*

USO DO HIDRÔMETRO PARA LER A DENSIDADE ⏰ 5 MINUTOS

1 **Usar um hidrômetro** para ler a densidade é o único modo preciso de saber quando a fermentação está concluída (quando a leitura corresponde à densidade final esperada). Tire uma amostra do mosto com um tubo de teste esterilizado.

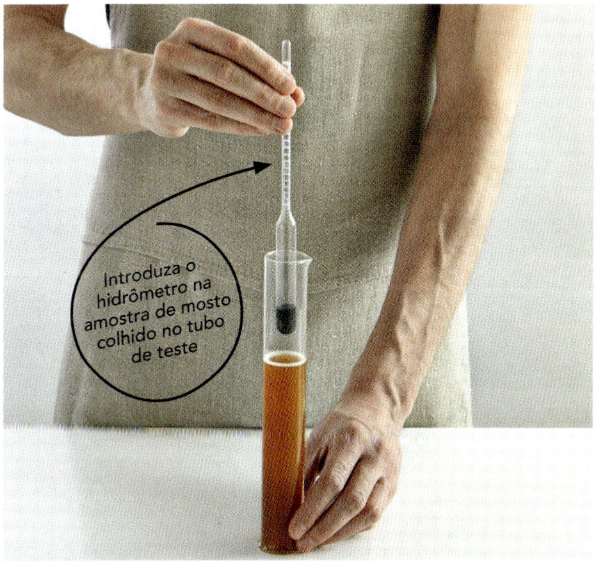

2 **Segure o hidrômetro** pelo alto da haste e introduza-o na amostra. Quando alcançar o ponto de equilíbrio, solte-o com cuidado e espere que assente. Se bolhas estiverem ocultando a escala, gire delicadamente a haste para liberá-las.

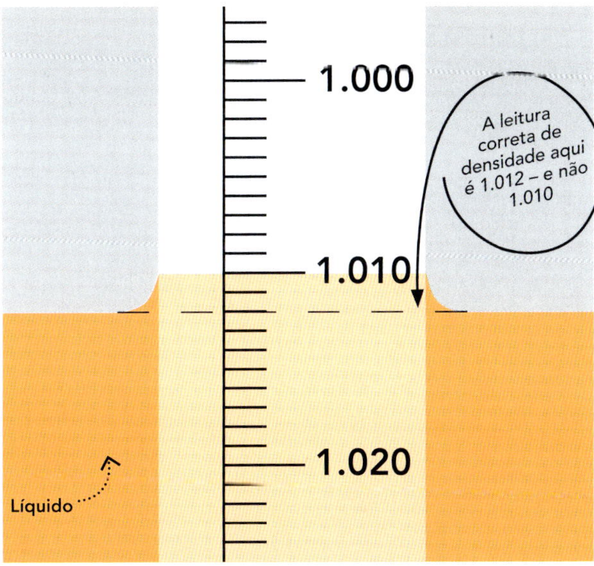

3 **Faça a leitura** à altura do olho, lendo a escala no mesmo plano horizontal da superfície do líquido – e não no ponto em que o líquido sobe conforme toca a haste do hidrômetro.

COMO CALCULAR O ABV

Assim como indicam que a fermentação está concluída, as leituras de densidade podem ser usadas para calcular quanto de açúcar foi convertido em álcool e, assim, determinar quão forte é a cerveja. É preciso fazer uma leitura antes de inocular a levedura (a densidade original, ou OG) e uma segunda leitura antes de engarrafar ou colocar em barril (a densidade final, ou FG). Multiplicar a diferença entre as duas leituras por 105 dará a porcentagem de álcool por peso. Para determinar o teor ou a porcentagem de álcool por volume (ABV) – a medida mais comum usada pelas cervejarias comerciais –, multiplique a cifra do álcool por peso por 1,25. Assim, por exemplo:

DENSIDADE ORIGINAL **1050** — DENSIDADE FINAL **1010** = **0,040**

0,040 × **105** = **4,2%**

4,2% × **1,25** = **5,25% ABV**

Priming e trasfega

Para que a cerveja atinja o nível certo de carbonatação, é preciso que receba açúcar para o priming, imediatamente antes de a bebida ser transferida para garrafas ou barris – processo conhecido como trasfega.

Cervejas como a lager e as de trigo são melhores quando muito carbonatadas e com colarinho alto. As ales também precisam da quantidade certa de dióxido de carbono (CO_2) para produzir colarinho pequeno e um ligeiro formigamento na língua. Para carbonatar a cerveja, adiciona-se um pouco de açúcar fermentável antes da trasfega.

CÁLCULO DE QUANTIDADE DE AÇÚCAR PARA O PRIMING

A quantidade depende do tipo de açúcar a ser usado, do tamanho do lote de cerveja e do nível desejado de carbonatação. Os açúcares mais comuns são os de milho e de cana e o extrato de malte seco (DME). A tabela abaixo mostra o nível de dióxido de carbono para cada estilo de cerveja (indicado como a proporção de volumes de CO_2 por volume de cerveja) e a quantidade de açúcar necessária para atingir esse nível de carbonatação. Pressupõe-se uma temperatura de armazenamento de 20°C.

SOLUÇÃO DE PRIMING

O modo mais fácil de fazer o priming é dissolver o açúcar ou DME em um pouco de água fervente, para preparar uma solução. Deixe esfriar, adicione-a ao fermentador e mexa delicadamente com uma colher esterilizada, sem agitar o sedimento.

Com a solução fica mais fácil distribuir igualmente o açúcar. O método também é mais preciso do que adicionar o açúcar diretamente em cada garrafa. Importante: garrafa com excesso de gás pode explodir.

QUADRO DE CARBONATAÇÃO PARA PRIMING

Estilo de cerveja	CO_2 (Volume por volume de cerveja)	Açúcar de milho (Peso por volume de cerveja)	Açúcar de cana (Peso por volume de cerveja)	DME (Peso por volume de cerveja)
Lager clara, bock, pale ale e cerveja de frutas	2.5	7,4 g por litro	6,5 g por litro	8,4 g por litro
Amber lager, híbridas claras e âmbar	2.4	7 g por litro	6,1 g por litro	7,9 g por litro
Lager escura	2.6	7,9 g por litro	6,9 g por litro	8,9 g por litro
IPA, suave, herbáceas e com especiarias	2	5,1 g por litro	4,5 g por litro	5,8 g por litro
Sour e lambic ales; de trigo e de centeio	3.75	13,2 g por litro	11,5 g por litro	14,9 g por litro
Bitter	1.5	2,8 g por litro	2,5 g por litro	3,2 g por litro
Strong ale	1.9	4,7 g por litro	4,1 g por litro	5,3 g por litro
Brown ale	1.75	4 g por litro	3,5 g por litro	4,5 g por litro
Barley wine	1.8	4,2 g por litro	3,7 g por litro	4,8 g por litro
Stout e porter	2	5,1 g por litro	4,5 g por litro	5,8 g por litro

COMO TRASFEGAR A CERVEJA

Transferir a cerveja de um recipiente para outro é um processo conhecido como trasfega. Pode ser feita para outro fermentador, para condicionamento em um balde de maturação ou para garrafas e barris para armazenamento.

Se o fermentador tiver torneira, encaixe um pedaço de mangueira, coloque a extremidade aberta no recipiente escolhido e abra a torneira. Se não tiver, enfie a mangueira no alto do fermentador e use um sifão para extrair a cerveja. Cuidado para não agitar o sedimento de levedura no fundo do fermentador, já que ele não deve ser transferido *(para sifões com coletor de sedimentos, veja p. 49)*.

Evite espadanar

A trasfega precisa ser feita com o máximo cuidado e o mínimo de impacto. Espalhar o líquido introduzirá oxigênio, o que pode estragar o sabor da cerveja pronta e permitir a entrada de bactérias indesejadas. Para evitar o jorro excessivo na trasfega, coloque a extremidade aberta da mangueira bem no fundo do recipiente receptor e mantenha-a submersa até que seja transferido um volume suficiente de cerveja.

TRASFEGA PARA GARRAFAS ⏰ 1-2 HORAS

1 **Limpe cada garrafa** com uma escova própria para remover resíduos, especialmente sedimentos de levedura de produções anteriores que podem ter ficado no fundo. Esterilize e enxágue as garrafas.

2 **Ligue uma ponta** da mangueira à torneira do fermentador e a outra ao tubo de encher garrafa. Ponha o tubo dentro da garrafa, abra a torneira e pressione para baixo para liberar a válvula e iniciar o fluxo. Repita o processo para cada garrafa.

3 **Para fechar as garrafas**, deslize uma tampinha no tampador e posicione-o sobre o gargalo da garrafa cheia. Com as duas mãos, empurre firmemente as alavancas para baixo. Retire o tampador e repita para cada garrafa. Teste para se certificar de que as tampas estão encaixadas.

Como armazenar e servir

Antes que você possa experimentar sua cerveja, é preciso deixá-la em um recipiente adequado, para que ela clareie e seu sabor amadureça. Há diversas opções de armazenamento.

BARRIS DE PRESSÃO

São recipientes grandes de plástico projetados para aguentar pressão de até cerca de 41 kPa (6 psi). Se a pressão exceder essa marca, uma válvula no alto permite que a cerveja saia, evitando a explosão. A capacidade desse barril em geral é de 25 litros. O açúcar para priming é adicionado à cerveja antes de ela ser transferida para o barril *(p. 66)* e, à medida que a cerveja é bebida e a pressão diminui naturalmente, pode-se acrescentar mais CO_2 pela válvula.

VANTAGENS

- Barato
- Fácil de limpar e esterilizar
- Fácil e rápido para transferir do fermentador na trasfega
- A cerveja se conserva por muitos meses
- Normalmente, vem com torneira e não necessita de equipamento adicional para servir

DESVANTAGENS

- É preciso guardá-lo em lugar frio ou na geladeira para servir a cerveja na temperatura certa
- Pode ser difícil manter o nível correto de carbonatação
- Pode haver desperdício por causa do espaço sob a torneira

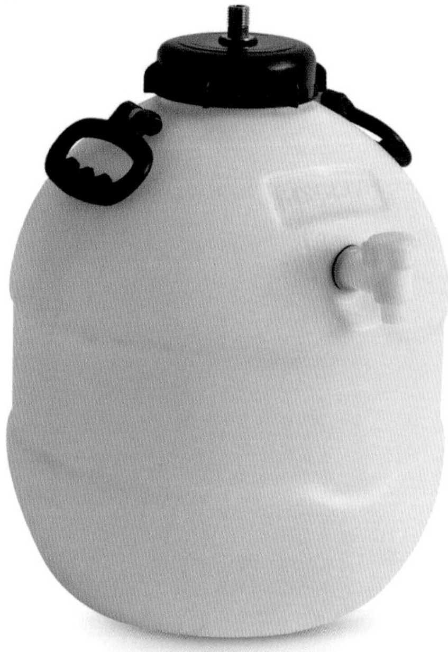

Barril plástico de pressão

Cornelius keg

BARRILETES KEG E BARRIS

O keg é um recipiente grande para armazenar e servir cerveja com pressão. Pode ser ligado a um suprimento separado de CO_2.
O tipo mais comum é o Cornelius keg *(à esquerda)*, em aço inox, com 19 litros de capacidade. Consegue aguentar pressão de até 965 kPa (140 psi), para cervejas altamente carbonatadas.

Os barris, mais usados nas cervejarias comerciais, feitos de metal ou plástico, em vários tamanhos, em geral têm capacidade para 40 litros. Eles permitem a entrada de oxigênio, o que adiciona uma característica autêntica de ale, mas a cerveja logo fica choca. Cervejeiros artesanais podem precisar acoplar uma garrafa de CO_2.

VANTAGENS DO KEG

- Durável e fácil de limpar, esterilizar, armazenar e refrigerar
- Permite controlar o nível de carbonatação e é ótimo para servir cervejas altamente carbonatadas
- Não é preciso adicionar açúcar para o priming, o que resulta em menos sedimentos e tempo mais curto de condicionamento
- A cerveja se conserva por mais tempo
- Menos desperdício

DESVANTAGENS DO KEG

- Instalação inicial cara
- Mais complicado de usar
- É preciso guardá-lo em lugar frio ou em geladeira

GARRAFAS

Para muitos cervejeiros, as garrafas são o melhor modo de envase. Encontradas em muitos tamanhos, em plástico ou vidro, podem ir à geladeira e são fáceis de transportar. A maioria requer fechamento com tampinha ou tampa de rosquear, embora algumas tenham fecho hermético. Mas garrafas levam tempo para limpar, esterilizar e encher e resultam em níveis altos de carbonatação (ótimo para cervejas lager e de trigo, mas não tão bom para ales). Evite usar garrafas claras: o lúpulo reage com a luz do sol, o que altera o sabor.

VANTAGENS

- Fáceis de guardar na geladeira
- Fáceis de transportar e ideais para presentear
- A cerveja se conserva por meses

DESVANTAGENS

- Tempo gasto para preparar e encher
- Mais apropriadas para cervejas com nível alto de carbonatação

COMO SERVIR CERVEJA DE UMA GARRAFA 1 MINUTO

1 **Escolha um copo claro** e verifique se a cerveja está na temperatura certa (mais gelada para ales; as lagers devem ser apenas resfriadas – mas prevalece o gosto pessoal). Segure o copo em um ângulo de cerca de 45° e despeje lentamente, num movimento suave.

2 **Endireite ligeiramente** o copo para permitir que a espuma se desenvolva. A garrafa pode conter sedimentos, então tome cuidado para não transferi-los para o copo (a menos que queira agitar a levedura para estilos servidos turvos – como cervejas de trigo).

Como rotular garrafas

Se for armazenar sua produção em garrafas, você pode personalizar a cerveja e criar seus próprios rótulos. É divertido e também dá uma aparência profissional ao produto.

A criação de um rótulo permite que você identifique cada cerveja, para saber sempre o que está bebendo. Você pode também criar uma identidade que se adapte ao estilo da cerveja e reflita sua própria personalidade – ideal se quiser dar as garrafas de presente ou se for produzir para uma ocasião especial.

CONSIDERAÇÕES SOBRE O PROJETO

- Decida o formato do rótulo – arredondado, oval, em forma de brasão, por exemplo, todos modelos clássicos.
- Defina uma imagem principal – pode usar um software de imagens, escanear um desenho feito a mão ou importar uma foto.
- Escolha uma fonte para o texto e acrescente o nome da cerveja, o estilo, o teor alcoólico, o volume, o local em que foi produzida etc.
- Não se preocupe se não confiar em sua habilidade, porque há vários geradores de rótulo on-line *(p. 213)*. A maioria permite acrescentar detalhes a uma série genérica de modelos.
- Imprima-os em papel branco liso usando impressora a laser.

GALERIA DE RÓTULOS

Essas amostras de rótulos acompanham algumas das receitas deste livro. Você pode usá-las como inspiração para seus próprios projetos e acrescentar informações extras como sugerido acima.

p. 83

p. 89

p. 102

p. 114

p. 160

p. 164

p. 174

p. 177

p. 184

COMO AFIXAR OS RÓTULOS CERCA DE 1 HORA PARA UM LOTE

1 **Com um pincel de pintura** ou de cozinha, aplique uma camada fina de leite no verso do rótulo. O leite é ótimo porque gruda bem e permite que os rótulos sejam facilmente retirados para lotes futuros (e não tem cheiro!).

2 **Segure a garrafa** em uma das mãos e posicione cuidadosamente o rótulo com a outra. Faça o alinhamento necessário e alise o rótulo em volta da garrafa, secando qualquer vestígio de leite com um pano seco.

p. 124

p. 133

p. 145

p. 149

p. 154

p. 188

p. 193

p. 196

p. 198

p. 211

Tipos de cerveja e receitas

Para selecionar receitas

Seja você um "lupulomaníaco", seja um admirador de cervejas complexas e encorpadas, esta lista o ajudará a encontrar o estilo certo. Estas e muitas outras receitas estão entre as pp. 80 e 211.

Cervejas frutadas e pungentes

- **Munich Helles** *(p. 85)*
- **Oktoberfest** *(p. 98)*
- **Spring beer** *(p. 112)*
- **Heather ale** *(p. 125)*
- **Cherry lambic** *(pp. 138-9)*
- **Abbey beer** *(p. 154)*
- **Roggenbier** *(p. 188)*
- **Spiced honey beer** *(p. 204)*
- **Spruce beer** *(p. 203)*
- **Raspberry wheat beer** *(pp. 206-7)*
- **Strawberry beer** *(p. 208)*
- **Kiwi wheat beer** *(p. 209)*
- **Ginger beer** *(p. 205)*
- **Spiced coriander and lime beer** *(p. 202)*
- **Nettle beer** *(p. 211)*

Raspberry wheat beer *(pp. 206-7)*

Cherry lambic *(pp. 138-9)*

Cervejas mais gasosas e refrescantes

- Light lager *(p. 82)*
- European lager *(p. 83)*
- Mexican cerveza *(p. 88)*
- Japanese rice lager *(p. 89)*
- Czech pilsner *(pp. 90-1)*
- Bohemian pilsner *(p. 94)*
- American pilsner *(p. 95)*
- Vienna lager *(pp. 96-7)*
- Helles bock *(p. 99)*
- Black lager *(p. 107)*
- Elderflower ale *(p. 113)*
- East Kent Golding single hop ale *(p. 119)*
- Saaz single hop ale *(p. 120)*
- English IPA *(p. 131)*
- Summer ale *(pp. 142-3)*
- Weissbier *(p. 185)*
- American wheat beer *(pp. 186-7)*
- Witbier *(pp. 190-1)*
- Kölsch *(p. 197)*
- Raspberry wheat beer *(pp. 206-7)*

Witbier *(pp. 190-1)*

Summer ale *(pp. 142-3)*

Vienna lager *(pp. 96-7)*

Amarillo single hop ale *(pp. 116-7)*

Cervejas mais lupuladas

- Amarillo single hop ale *(pp. 116-7)*
- Nelson Sauvin single hop ale *(p. 118)*
- Cascade single hop ale *(p. 121)*
- 60-minute IPA *(p. 132)*
- American IPA *(p. 133)*
- Imperial IPA *(pp. 134-5)*
- Black IPA *(p. 136)*
- Rye beer *(p. 189)*

Dark American lager *(pp. 104-5)*

Bière de garde *(pp. 152-3)*

Cervejas complexas e encorpadas

- Traditional bock *(pp. 100-1)*
- Doppelbock *(p. 102)*
- Eisbock *(p. 103)*
- Dark American lager *(pp. 104-5)*
- Munich dunkel *(p. 106)*
- ESB ale *(p. 115)*
- Saison *(p. 127)*
- Smoked beer *(p. 130)*
- London bitter *(p. 140)*
- Yorkshire bitter *(p. 141)*
- Cornish Tin Miner's ale *(p. 144)*

- Scottish 70 shilling *(pp. 146-7)*
- Scottish 80 shilling *(p. 148)*
- Irish red ale *(p. 149)*
- Winter warmer *(p. 150)*
- Christmas ale *(p. 151)*
- Bière de garde *(pp. 152-3)*
- Belgian dubbel *(p. 156)*
- Belgian tripel *(p. 157)*
- Belgian strong golden ale *(pp. 158-9)*
- Northern brown ale *(p. 160)*
- Southern brown ale *(p. 161)*
- Old ale *(pp. 162-3)*
- Mild *(p. 164)*
- Ruby mild *(p. 165)*
- English barley wine *(pp. 166-7)*
- American barley wine *(p. 168)*
- Brown porter *(p. 169)*
- Smoked porter *(p. 170)*
- American stout *(p. 177)*
- Milk stout *(p. 178-9)*
- Russian imperial stout *(p. 180)*
- Vanilla bourbon stout *(p. 181)*

Old ale *(pp. 162-3)*

Scottish 70 shilling *(pp. 146-7)*

Como seguir as receitas

Estas receitas são elaboradas para o método all-grain, embora muitas também tenham versões com extrato de malte. Veja a seguir o que deve saber para começar.

INFORMAÇÕES BÁSICAS

Densidade original (OG) – a densidade do mosto antes da fermentação, medida com hidrômetro *(pp. 49 e 65)*.

Densidade final (FG) esperada – a densidade do mosto ao final da fermentação.

Água total – o volume total de água necessário para produzir o lote.

TERMOS CERVEJEIROS

Apronte – o volume final esperado.

Boa para consumo – o tempo mínimo em que a cerveja estará pronta para ser bebida, embora a maioria dos tipos fique mais apurada deixando um período de tempo maior.

ABV estimado – o teor alcoólico estimado para a cerveja pronta.

Índice de amargor – o quanto amarga será a cerveja; quanto maior a taxa, mais amarga (apesar de um ABV alto equilibrar um amargor elevado).

Classificação de cor – o quão clara ou escura a cerveja será, medida pela escala EBC *(pp. 22-3)*; quanto maior o número, mais escura a cerveja.

VERSÃO COM EXTRATO DE MALTE

Se quiser usar extrato de malte (pp. 56-57), em vez do método all-grain (pp. 58-61), siga estas instruções. Parte-se do princípio de que é preciso ferver 27 litros de água em uma panela grande. Se quiser trabalhar com um volume menor, leve à fervura 10 litros de água, acrescentando 1 kg de extrato de malte seco no início da fervura. Adicione o restante do extrato de malte nos 5 minutos finais.

ALES BROWN ALE

Mais forte e clara e menos doce do que sua similar do sul, a Northern brown ale tem caráter amendoado, de chocolate, com final lupulado moderado.

Northern brown ale

DENSIDADE ORIGINAL 1052 **DENSIDADE FINAL ESPERADA** 1013 **ÁGUA TOTAL** 32,5 LITROS

APRONTE 23 LITROS | **BOA PARA CONSUMO** 6 SEMANAS | **ABV ESTIMADO** 5,1 % | **ÍNDICE DE AMARGOR** 25,7 IBU | **CLASSIFICAÇÃO DE COR** 27,2 EBC

PARA A BRASSAGEM
ÁGUA 13 litros **TEMPO** 1h **TEMPERATURA** 65°C

Grãos do mosto	Quantidade
Malte pale	4,8 kg
Malte cristal	250 g
Malte chocolate	100 g

PARA A FERVURA
ÁGUA 27 litros **TEMPO** 1h10

Lúpulos	Quantidade	IBU	Quando adicionar
Admiral 14,5%	16 g	25,7	No início da fervura
Challenger 7%	16 g	-	Ao desligar
Outro			
Agente clarificante	1 colher (chá)		Últimos 15 min de fervura

PARA FERMENTAR
FERMENTAÇÃO 20°C
CONDICIONAMENTO 5 semanas a 12°C

Levedura
Wyeast 1098 English ale

VERSÃO COM EXTRATO DE MALTE
Faça uma infusão de 250 g de **malte cristal** e 100 g de **malte chocolate** em 27 litros de água a 65°C, por 30 minutos. Retire o malte, adicione 3,3 kg de **extrato de malte seco claro**, ferva e acrescente os lúpulos como especificado na receita principal.

160

RÓTULOS

Use estes exemplos de rótulos como ponto de partida para suas próprias criações. Veja as pp. 70-1 para saber mais sobre como rotular garrafas.

CONSUMO RÁPIDO

Este símbolo indica, de imediato, quais cervejas devem ser consumidas antes.

BEBA LOGO!

Conhecido também como London ale, este estilo surgiu no início do século XX, como alternativa à porter mild. De teor alcoólico moderado, tem final doce e maltado.

Southern brown ale

DENSIDADE ORIGINAL 1041 DENSIDADE FINAL ESPERADA 1012 ÁGUA TOTAL 31 LITROS

APRONTE 23 LITROS | BOA PARA CONSUMO 4 SEMANAS | ABV ESTIMADO 3,8% | ÍNDICE DE AMARGOR 17,4 IBU | CLASSIFICAÇÃO DE COR 37,6 EBC

PARA A BRASSAGEM

ÁGUA 10 litros **TEMPO** 1h **TEMPERATURA** 65°C

Grãos do mosto	Quantidade
Malte pale	3,5 kg
Malte dark cristal	300 g
Malte chocolate	110 g
Trigo não maltado	100 g
Malte preto	55 g

PARA A FERVURA

ÁGUA 27 litros **TEMPO** 1h10

Lúpulo	Quantidade	IBU	Quando adicionar
Fuggle 4,5%	24 g	12,9	No início da fervura
Fuggle 4,5%	24 g	4,5	Últimos 10 min de fervura
Outro			
Agente clarificante	1 colher (chá)		Últimos 15 min de fervura

PARA FERMENTAR

FERMENTAÇÃO 22°C **CONDICIONAMENTO** 3 semanas a 12°C

Levedura
Wyeast 1187 Ringwood ale

DICA DO CERVEJEIRO

Se preferir uma cerveja um pouco mais seca, use a levedura Wyeast 1099 Whitbread ale no lugar da Ringwood.

VERSÃO COM EXTRATO DE MALTE

Faça uma infusão de 300 g de **malte dark crystal**, 110 g de **malte chocolate** e 55 g de **malte preto** em 27 litros de água a 65°C, por 30 minutos. Retire o malte, adicione 2,3 kg de **extrato de malte seco claro**, leve à fervura e acrescente o lúpulo como especificado na receita principal.

161

PARA A BRASSAGEM

Água – a quantidade necessária para ser misturada com os grãos no tonel. Use o resto da "água total" (página anterior) para o sparge.

Tempo – o período mínimo necessário para a brassagem (embora não haja problema em deixar mais tempo).

Temperatura – a indicação requerida para a brassagem, uma vez que os grãos e a água foram misturados.

Grãos do mosto – o tipo e a quantidade de grãos triturados para a brassagem.

PARA A FERVURA

Água – o volume estimado para a panela de fervura depois que a mistura foi pulverizada.

Tempo – o intervalo total de fervura.

Lúpulos – o tipo e a quantidade de lúpulos requeridos para a fervura, e quando fazer cada adição.

Outros – o tipo e a quantidade de outros ingredientes solicitados, e quando fazer cada adição.

PARA FERMENTAR

Fermentação – a temperatura ideal para a fermentação.

Condicionamento – o tempo e a temperatura ideais em que a cerveja deve ser armazenada após a fermentação, seja em garrafas ou barris.

Levedura – a cepa de levedura sugerida. Veja as pp. 62-63 para mais informações sobre quantidades e starters, e as pp. 34-35 para tipos alternativos de leveduras.

OBSERVAÇÃO A RESPEITO DAS MEDIDAS

Os volumes e pesos são dados em unidades métricas. Veja a p. 213 para mais informações sobre conversões.

DICA DO CERVEJEIRO

Estas inserções dão dicas práticas para ajudá-lo no preparo da cerveja e sugerem variações dos ingredientes para alterar as características da cerveja produzida.

Lagers

O tipo mais conhecido de cerveja, a lager é consumida em grande quantidade em todo o mundo. Muitos países produzem suas próprias variações desse estilo.

A lager é definida pelo tipo de levedura usado durante o preparo. A levedura das lager *(Saccharomyces pastorianus)* é de baixa fermentação; ou seja, deposita-se no fundo do fermentador durante o processo. Já a maioria das leveduras das ales sobe à superfície do mosto *(p. 108)*.

BAIXAS TEMPERATURAS

A levedura da lager trabalha bem em baixas temperaturas de fermentação, geralmente a 12°C. Segue-se um período maior de maturação, também sob temperaturas baixas, conhecido como "lagering". O termo *lager* vem do alemão *lagern*, que significa "armazenar". O lagering ajuda a eliminar muitos dos gostos gerados na fermentação. O resultado é uma cerveja clara, gasosa, de sabor neutro e final limpo. Em geral, possui pouco ou nenhum aroma de lúpulo, embora possa haver um leve traço picante. A lager fica melhor se servida gelada e bem carbonatada.

LAGER CASEIRA

Para quem produz em casa, a lager é um dos tipos mais desafiadores. Além de precisar de condições controladas de fermentação, seu caráter suave e limpo impõe que qualquer sabor indesejado produzido acidentalmente no preparo será notado, por menor que seja. Contudo, ainda é possível fazer ótimas lagers quando se toma cuidado com as condições de fermentação, taxas de inoculação das leveduras e limpidez. O fator mais importante é o controle de temperatura. Portanto, a compra de uma geladeira exclusiva para a cerveja é um investimento inteligente para um cervejeiro que se preze.

Light lager

As light lagers têm baixos teores alcoólico e calórico, pouco sabor de malte e final vivaz e seco. Muitas vezes contêm milho ou arroz.

Aparência Muito clara, cor de palha.

Paladar Vivaz e seco, geralmente com pouco sabor. Às vezes, percebe-se uma doçura seca, de milho.

Aroma Pode apresentar aroma leve e picante de lúpulo, embora seja mais comum pouco ou nenhum amargor.

Concentração 2,8-4,2% ABV

(EU) As light lagers europeias têm pouco álcool. Por serem feitas só com malte – e não conterem milho nem arroz –, costumam ser mais saborosas do que suas equivalentes norte-americanas.

(EUA) As norte-americanas são puras e leves ao paladar, com poucos sabores-chave significativos.

pp. 82-9

Pilsen (ou pilsner)

Originária da cidade tcheca de Pilsen, é mais lupulada e contém mais sabores complexos de malte do que outras light lagers.

Aparência Cor entre palha e dourado-escuro, com colarinho branco cremoso e duradouro.

Paladar Apresenta sabores complexos de malte e um leve amargor, muitas vezes com final suavemente doce.

Aroma Picante e floral, com um toque granuloso de malte.

Concentração 4,2-6% ABV

(TC) As pilsens tchecas são levemente aromatizadas e muito carbonatadas.

(AL) As alemãs têm cor razoavelmente escura, com sabor e amargor complexos de malte.

(EUA) As norte-americanas são bem lupuladas, mas também têm um toque granulado, pelo uso de milho.

pp. 90-5

Amber lager

O aroma e o sabor de malte tostado predominam nessa cerveja alemã, produzida na primavera e envelhecida em caves durante o verão.

Aparência Cor que vai do dourado-escuro ao laranja profundo, límpida e com espuma bege duradoura.

Paladar Gosto complexo de malte e forte amargor de lúpulo.

Aroma Levemente tostado de malte; pouco ou nenhum traço de lúpulo.

Concentração 4,5-5,7% ABV

(EU) As versões europeias são mais doces, com sabores complexos de malte.

(EUA) As norte-americanas são mais fortes e secas e têm presença mais marcante de lúpulo.

pp. 96-8

Bock e dark lagers

A bock é tipicamente escura, forte e adocicada. As outras dark lagers vão do âmbar intenso ao preto-piche.

Aparência Profunda e intensa, com espuma cremosa bege.

Paladar A bock é macia, substanciosa e caramelada. Outras dark lagers podem ter notas queimadas e sabor residual limpo, seco e refrescante.

Aroma A bock tem forte aroma de malte tostado, e pouco ou nenhum cheiro de lúpulo. Outras dark lagers podem ter traços de chocolate, caramelo ou nozes.

Concentração 4,2-14% ABV, dependendo do tipo

(AL) Existem vários estilos de bock, todos da Alemanha. A tradicional é doce e forte. A doppelbock é escura, forte e amarga. A helles bock é mais clara, menos maltada e mais lupulada.

pp. 99-107

De cor palha, vivaz e refrescante ao paladar, esta lager de sabor limpo é perfeita quando servida bem gelada. Seu teor alcoólico a deixa menos calórica.

Light lager

DENSIDADE ORIGINAL 1038 **DENSIDADE FINAL ESPERADA** 1011 **ÁGUA TOTAL** 30,7 LITROS

APRONTE 23 LITROS

BOA PARA CONSUMO 5 SEMANAS

ABV ESTIMADO 3,4%

ÍNDICE DE AMARGOR 9,4 IBU

CLASSIFICAÇÃO DE COR 5,5 EBC

PARA A BRASSAGEM

ÁGUA 9,3 litros **TEMPO** 1h **TEMPERATURA** 65°C

Grãos do mosto	Quantidade
Malte lager	2,81 kg
Flocos de milho	939 g

PARA A FERVURA

ÁGUA 27 litros **TEMPO** 1h15

Lúpulos	Quantidade	IBU	Quando adicionar
Hallertauer Hersbrucker 3,5%	20 g	8,5	No início da fervura
Hallertauer Hersbrucker 3,5%	10 g	0,8	Últimos 5 min de fervura
Outro			
Agente clarificante	1 colher (chá)		Últimos 15 min de fervura

PARA FERMENTAR

FERMENTAÇÃO 12°C **CONDICIONAMENTO** 4 semanas a 3°C

Levedura

Wyeast 2000 Budvar

DICA DO CERVEJEIRO

Ao preparar uma lager, é melhor usar uma grande proporção de água destilada ou deionizada, para manter o pH correto e evitar sabores ruins [off-flavours].

Esta lager de estilo europeu é macia, encorpada e gostosa, com um sabor delicioso de malte e final vivaz e limpo.

European lager

DENSIDADE ORIGINAL 1045 **DENSIDADE FINAL ESPERADA** 1015 **ÁGUA TOTAL** 34 LITROS

APRONTE 23 LITROS | **BOA PARA CONSUMO** 5 SEMANAS | **ABV ESTIMADO** 4,6% | **ÍNDICE DE AMARGOR** 25,6 IBU | **CLASSIFICAÇÃO DE COR** 5,6 EBC

PARA A BRASSAGEM

ÁGUA 14 litros **TEMPO** 1h **TEMPERATURA** 65°C

Grãos do mosto	Quantidade
Malte pilsen	3,95 kg
Cevada em flocos	400 g
Malte Carapils	135 g

PARA A FERVURA

ÁGUA 27 litros **TEMPO** 1h15

Lúpulos	Quantidade	IBU	Quando adicionar
Northern Brewer 8%	26 g	23,8	No início da fervura
Hallertauer Hersbrucker 3,5%	12 g	1,7	Últimos 10 min de fervura
Hallertauer Hersbrucker 3,5%	15 g	0,1	Último minuto de fervura
Outro			
Agente clarificante	1 colher (chá)		Últimos 15 min de fervura

PARA FERMENTAR

FERMENTAÇÃO 12°C **CONDICIONAMENTO** 4 semanas a 3°C

Levedura

White Labs WLP830 German lager

Uma clássica lager americana, esta cerveja apresenta um aroma sutil de lúpulo harmonicamente equilibrado por um traço de levedura seca e amargor suave.

Premium American lager

DENSIDADE ORIGINAL 1055 **DENSIDADE FINAL ESPERADA** 1014 **ÁGUA TOTAL** 33 LITROS

APRONTE 23 LITROS · **BOA PARA CONSUMO** 5 SEMANAS · **ABV ESTIMADO** 5,5% · **ÍNDICE DE AMARGOR** 19 IBU · **CLASSIFICAÇÃO DE COR** 7,4 EBC

PARA A BRASSAGEM

ÁGUA 13 litros **TEMPO** 1h **TEMPERATURA** 65°C

Grãos do mosto	Quantidade
Malte lager	4,6 kg
Flocos de arroz	926 g

PARA A FERVURA

ÁGUA 27 litros **TEMPO** 1h15

Lúpulos	Quantidade	IBU	Quando adicionar
Northern Brewer 8%	22 g	18,8	No início da fervura
Saaz 4,2%	11 g	0,2	Último minuto de fervura
Outro			
Agente clarificante	1 colher (chá)		Últimos 15 min de fervura

PARA FERMENTAR

FERMENTAÇÃO 12°C **CONDICIONAMENTO** 4 semanas a 3°C

Levedura

White Labs WLP800 Pilsner

DICA DO CERVEJEIRO

Para obter o nível correto de carbonatação para esse tipo de lager, faça o priming com 130 g de açúcar antes de engarrafar.

LAGERS LIGHT LAGER

Aqui, o toque granuloso e maltado – da combinação de maltes levemente torrados – é equilibrado pelo amargor sutil e pelo aroma do lúpulo picante Mittelfrüh.

Munich Helles

DENSIDADE ORIGINAL 1049 **DENSIDADE FINAL ESPERADA** 1012 **ÁGUA TOTAL** 32 LITROS

APRONTE 23 LITROS | **BOA PARA CONSUMO** 5 SEMANAS | **ABV ESTIMADO** 4,9% | **ÍNDICE DE AMARGOR** 17,1 IBU | **CLASSIFICAÇÃO DE COR** 6,3 EBC

PARA A BRASSAGEM

ÁGUA 12 litros **TEMPO** 1h **TEMPERATURA** 65°C

Grãos do mosto	Quantidade
Malte pilsen	4,38 kg
Malte Carapils	200 g
Malte Viena	175 g

PARA A FERVURA

ÁGUA 27 litros **TEMPO** 1h15

Lúpulos	Quantidade	IBU	Quando adicionar
Hallertauer Mittelfrüh 5%	27 g	14,9	No início da fervura
Hallertauer Mittelfrüh 5%	20 g	2,2	Últimos 5 min de fervura
Outro			
Agente clarificante	1 colher (chá)		Últimos 15 min de fervura

PARA FERMENTAR

FERMENTAÇÃO 12°C **CONDICIONAMENTO** 4 semanas a 3°C

Levedura

Wyeast 2042 Danish lager

Esta é uma cerveja dourada com sabor leve de malte e aroma suave e picante de lúpulo. Deixa na boca uma sensação sutil de doçura e preenchimento.

Dortmunder export

DENSIDADE ORIGINAL 1054 **DENSIDADE FINAL ESPERADA** 1015 **ÁGUA TOTAL** 32,2 LITROS

APRONTE 23 LITROS

BOA PARA CONSUMO 5 SEMANAS

ABV ESTIMADO 5,1%

ÍNDICE DE AMARGOR 27,2 IBU

CLASSIFICAÇÃO DE COR 6 EBC

PARA A BRASSAGEM

ÁGUA 13,1 litros **TEMPO** 1h **TEMPERATURA** 65°C

Grãos do mosto	Quantidade
Malte pilsen	5 kg
Malte Munique	250 g

PARA A FERVURA

ÁGUA 27 litros **TEMPO** 1h15

Lúpulos	Quantidade	IBU	Quando adicionar
Tettnang 4,5%	40 g	19,2	No início da fervura
Hallertauer Hersbrucker 3,5%	26 g	3,5	Últimos 10 min de fervura
Tettnang 4,5%	26 g	4,5	Últimos 10 min de fervura
Hallertauer Hersbrucker 3,5%	13 g	-	Ao desligar
Outro			
Agente clarificante	1 colher (chá)		Últimos 15 min de fervura

PARA FERMENTAR

FERMENTAÇÃO 12°C **CONDICIONAMENTO** 4 semanas a 3°C

Levedura

Wyeast 2124 Bohemian lager

Leve, vivaz e refrescante, esta cerveja mexicana é a pedida certa para o verão. Sirva com uma fatia de limão para deixar o sabor mais autêntico.

Mexican cerveza

DENSIDADE ORIGINAL 1046 **DENSIDADE FINAL ESPERADA** 1012 **ÁGUA TOTAL** 31,5 LITROS

APRONTE 23 LITROS | **BOA PARA CONSUMO** 5 SEMANAS | **ABV ESTIMADO** 4,6% | **ÍNDICE DE AMARGOR** 23,5 IBU | **CLASSIFICAÇÃO DE COR** 5,1 EBC

PARA A BRASSAGEM

ÁGUA 11,5 litros **TEMPO** 1h **TEMPERATURA** 65°C

Grãos do mosto	Quantidade
Malte pilsen	3,86 kg
Malte Carapils	270 g
Flocos de milho	450 g

PARA A FERVURA

ÁGUA 27 litros **TEMPO** 1h15

Lúpulos	Quantidade	IBU	Quando adicionar
Northern Brewer 8%	14 g	12,5	No início da fervura
Crystal 3,5%	18 g	7,1	Última hora de fervura
Crystal 3,5%	28 g	3,9	Últimos 10 min de fervura
Outro			
Agente clarificante	1 colher (chá)		Últimos 15 min de fervura

PARA FERMENTAR

FERMENTAÇÃO 12°C **CONDICIONAMENTO** 4 semanas a 3°C

Levedura

White Labs WLP940 Mexican lager

VERSÃO COM EXTRATO DE MALTE

Faça uma infusão de 300 g de **malte Carapils** em 27 litros de água a 65°C por 30 minutos. Retire o malte; adicione 2,75 kg de **extrato de malte seco claro**, leve à fervura e acrescente os lúpulos como especificado na receita principal.

De origem japonesa, esta é uma lager extremamente gasosa, seca e equilibrada, graças aos lúpulos. Como o nome sugere, há flocos de arroz entre os ingredientes do mosto.

Japanese rice lager

DENSIDADE ORIGINAL 1052 **DENSIDADE FINAL ESPERADA** 1013 **ÁGUA TOTAL** 33 LITROS

APRONTE 23 LITROS | **BOA PARA CONSUMO** 5 SEMANAS | **ABV ESTIMADO** 5,3% | **ÍNDICE DE AMARGOR** 25 IBU | **CLASSIFICAÇÃO DE COR** 7,3 EBC

PARA A BRASSAGEM

ÁGUA 13 litros **TEMPO** 1h **TEMPERATURA** 65°C

Grãos do mosto	Quantidade
Malte pilsen	4,7 kg
Flocos de arroz	500 g

PARA A FERVURA

ÁGUA 27 litros **TEMPO** 1h15

Lúpulos	Quantidade	IBU	Quando adicionar
Sorachi Ace 14,9%	13 g	21	No início da fervura
Sorachi Ace 14,9%	5 g	4	Últimos 15 min de fervura
Saaz 4,2%	5 g	-	Ao desligar
Outro			
Agente clarificante	1 colher (chá)		Últimos 15 min de fervura

PARA FERMENTAR

FERMENTAÇÃO 12°C
CONDICIONAMENTO 4 semanas a 3°C

Levedura
Wyeast 2278 Czech Pils

Esta pilsen clara e refrescante possui sabor e aroma peculiares – ambos picantes e florais –, conferidos pelo lúpulo tcheco Saaz.

Czech pilsner

DENSIDADE ORIGINAL 1048 **DENSIDADE FINAL ESPERADA** 1014 **ÁGUA TOTAL** 31,6 LITROS

APRONTE 23 LITROS **BOA PARA CONSUMO** 5 SEMANAS **ABV ESTIMADO** 4,4% **ÍNDICE DE AMARGOR** 25 IBU **CLASSIFICAÇÃO DE COR** 5 EBC

PARA A BRASSAGEM

ÁGUA 11,6 litros **TEMPO** 1h **TEMPERATURA** 65°C

Grão do mosto	Quantidade
Malte pilsen	4,66 kg

PARA A FERVURA

ÁGUA 27 litros **TEMPO** 1h15

Lúpulos	Quantidade	IBU	Quando adicionar
Saaz 4,2%	46 g	21,9	No início da fervura
Saaz 4,2%	19 g	3,1	Últimos 10 min de fervura
Saaz 4,2%	19 g	-	Ao desligar
Outro			
Agente clarificante	1 colher (chá)		Últimos 15 min de fervura

PARA FERMENTAR

FERMENTAÇÃO 12°C **CONDICIONAMENTO** 4 semanas a 3°C

Levedura

Wyeast 2001 Urquell lager

VERSÃO COM EXTRATO DE MALTE

Adicione 3 kg de **extrato de malte seco extraclaro** para 27 litros de água, ferva e acrescente o lúpulo conforme especificado na receita principal.

O forte sabor de álcool nesta pilsen é perfeitamente equilibrado pelo amargor do lúpulo e pelos maltes biscuit e Carapils.

Imperial pilsner

DENSIDADE ORIGINAL 1079 **DENSIDADE FINAL ESPERADA** 1022 **ÁGUA TOTAL** 38 LITROS

APRONTE 23 LITROS | **BOA PARA CONSUMO** 7 SEMANAS | **ABV ESTIMADO** 7,7% | **ÍNDICE DE AMARGOR** 60 IBU | **CLASSIFICAÇÃO DE COR** 10,2 EBC

PARA A BRASSAGEM

ÁGUA 19 litros **TEMPO** 1h **TEMPERATURA** 65°C

Grãos do mosto	Quantidade
Malte pilsen	7,25 kg
Malte Carapils	290 g
Malte biscuit	200 g

PARA A FERVURA

ÁGUA 27 litros **TEMPO** 1h15

Lúpulos	Quantidade	IBU	Quando adicionar
Hallertauer Mittelfrüh 5%	110 g	48,6	No início da fervura
Hallertauer Mittelfrüh 5%	73 g	11,4	Últimos 10 min de fervura
Hallertauer Mittelfrüh 5%	110 g	-	Ao desligar
Outro			
Agente clarificante	1 colher (chá)		Últimos 15 min de fervura

PARA FERMENTAR

FERMENTAÇÃO 12°C **CONDICIONAMENTO** 6 semanas a 3°C

Levedura

Wyeast 2124 Bohemian lager

DICA DO CERVEJEIRO

Aumente a quantidade de malte biscuit na fervura – até 500 g – para obter aroma e sabor mais tostados.

VERSÃO COM EXTRATO DE MALTE

Faça uma infusão de 290 g de **malte Carapils** e 200 g de **malte biscuit** em 27 litros de água a 65°C por 30 minutos. Retire o malte; adicione 4,6 kg de **extrato de malte seco extraclaro**, ferva e acrescente o lúpulo como especificado na receita principal.

Uma cerveja limpa e gasosa com um amargor razoável de lúpulo. Essas características eram tradicionalmente acentuadas pelo alto teor de sulfato da água alemã.

German pilsner

DENSIDADE ORIGINAL 1046 **DENSIDADE FINAL ESPERADA** 1012 **ÁGUA TOTAL** 31,5 LITROS

APRONTE 23 LITROS | **BOA PARA CONSUMO** 5 SEMANAS | **ABV ESTIMADO** 4,5% | **ÍNDICE DE AMARGOR** 30,2 IBU | **CLASSIFICAÇÃO DE COR** 5 EBC

PARA A BRASSAGEM

ÁGUA 11,3 litros **TEMPO** 1h **TEMPERATURA** 65°C

Grão do mosto	Quantidade
Malte pilsen	4,55 kg

PARA A FERVURA

ÁGUA 27 litros **TEMPO** 1h15

Lúpulos	Quantidade	IBU	Quando adicionar
Spalt Select 4,5%	50 g	25,7	No início da fervura
Spalt Select 4,5%	25 g	4,5	Últimos 10 min de fervura
Spalt Select 4,5%	17 g	-	Ao desligar
Outro			
Agente clarificante	1 colher (chá)		Últimos 15 min de fervura

PARA FERMENTAR

FERMENTAÇÃO 12°C **CONDICIONAMENTO** 4 semanas a 3°C

Levedura

Wyeast 2007 Pilsen lager

VERSÃO COM EXTRATO DE MALTE

Acrescente 2,9 kg de **extrato de malte extraclaro** a 27 litros de água, leve à fervura e adicione o lúpulo como especificado na receita principal.

Com sabor maltado e substancioso e um agradável aroma floral e picante do lúpulo Saaz, esta cerveja é absolutamente irresistível.

Bohemian pilsner

DENSIDADE ORIGINAL 1051 **DENSIDADE FINAL ESPERADA** 1014 **ÁGUA TOTAL** 32 LITROS

APRONTE 23 LITROS

BOA PARA CONSUMO 4–5 SEMANAS

ABV ESTIMADO 4,9%

ÍNDICE DE AMARGOR 35,4 IBU

CLASSIFICAÇÃO DE COR 6,9 EBC

PARA A BRASSAGEM

ÁGUA 12,5 litros **TEMPO** 1h **TEMPERATURA** 65°C

Grão do mosto	Quantidade
Malte Bohemian pilsner	5 kg

PARA A FERVURA

ÁGUA 27 litros **TEMPO** 1h15

Lúpulos	Quantidade	IBU	Quando adicionar
Saaz 4,2%	77 g	35,4	No início da fervura
Saaz 4,2%	38 g	-	Ao desligar
Outro			
Agente clarificante	1 colher (chá)		Últimos 15 min de fervura

PARA FERMENTAR

FERMENTAÇÃO 12°C **CONDICIONAMENTO** 4 semanas a 3°C

Levedura

Wyeast 2124 Bohemian lager

DICA DO CERVEJEIRO

Para um toque marcante de malte, faça a brassagem por decocção (p. 59), em que parte da mistura é retirada e fervida separadamente para caramelizar os açúcares.

A maltagem com milho desta cerveja dourada é complementada por um aroma lupulado – resultante da adição de lúpulos americanos durante a fervura.

American pilsner

DENSIDADE ORIGINAL 1048 **DENSIDADE FINAL ESPERADA** 1012 **ÁGUA TOTAL** 32 LITROS

APRONTE 23 LITROS

BOA PARA CONSUMO 5 SEMANAS

ABV ESTIMADO 4,8%

ÍNDICE DE AMARGOR 23,5 IBU

CLASSIFICAÇÃO DE COR 6,4 EBC

PARA A BRASSAGEM

ÁGUA 12 litros **TEMPO** 1h **TEMPERATURA** 65°C

Grãos do mosto	Quantidade
Malte lager	3,5 kg
Flocos de milho	1,3 kg

PARA A FERVURA

ÁGUA 27 litros **TEMPO** 1h15

Lúpulos	Quantidade	IBU	Quando adicionar
Cluster 7,5%	20 g	16,9	No início da fervura
Liberty 4,5%	15 g	2,7	Últimos 10 min de fervura
Crystal 3,5%	15 g	2,1	Últimos 10 min de fervura
Liberty 4,5%	10 g	1	Últimos 5 min de fervura
Crystal 3,5%	10 g	0,8	Últimos 5 min de fervura
Liberty 4,5%	32 g	-	Ao desligar
Crystal 3,5%	32 g	-	Ao desligar
Outro			
Agente clarificante	1 colher (chá)		Últimos 15 min de fervura

PARA FERMENTAR

FERMENTAÇÃO 12°C **CONDICIONAMENTO** 4 semanas a 3°C

Levedura

Wyeast 2035 American lager

Esta cerveja tem maltagem levemente tostada e caráter limpo de lager. O malte Viena, aquecido em temperatura alta durante a maltagem, dá um sabor especial.

Vienna lager

DENSIDADE ORIGINAL 1050 **DENSIDADE FINAL ESPERADA** 1011 **ÁGUA TOTAL** 32 LITROS

APRONTE 23 LITROS

BOA PARA CONSUMO 5 SEMANAS

ABV ESTIMADO 5,1%

ÍNDICE DE AMARGOR 26,5 IBU

CLASSIFICAÇÃO DE COR 19,7 EBC

PARA A BRASSAGEM

ÁGUA 12 litros **TEMPO** 1h **TEMPERATURA** 65°C

Grãos do mosto	Quantidade
Malte Viena	4,16 kg
Malte Munique	670 g
Malte melanoidina	125 g
Malte chocolate	50 g

PARA A FERVURA

ÁGUA 27 litros **TEMPO** 1h15

Lúpulos	Quantidade	IBU	Quando adicionar
Northern Brewer 8%	30 g	26,5	No início da fervura
Hallertauer Hersbrucker 3,5%	15 g	-	Ao desligar
Tettnang 4,5%	15 g	-	Ao desligar
Outro			
Agente clarificante	1 colher (chá)		Últimos 15 min de fervura

PARA FERMENTAR

FERMENTAÇÃO 12°C **CONDICIONAMENTO** 4 semanas a 3°C

Levedura

White Labs WLP830 German

DICA DO CERVEJEIRO

Para um final levemente cítrico, experimente usar a mesma quantidade de lúpulo Liberty no fim da fervura, em vez do Tettnang.

Esta cerveja alemã é tradicionalmente produzida na primavera, armazenada em adegas ou caves frias durante o verão e servida na Oktoberfest, no outono.

Oktoberfest

DENSIDADE ORIGINAL 1057 **DENSIDADE FINAL ESPERADA** 1017 **ÁGUA TOTAL** 32 LITROS

APRONTE 23 LITROS | **BOA PARA CONSUMO** 5 SEMANAS | **ABV ESTIMADO** 5,3% | **ÍNDICE DE AMARGOR** 25,2 IBU | **CLASSIFICAÇÃO DE COR** 13,6 EBC

PARA A BRASSAGEM

ÁGUA 12 litros **TEMPO** 1h **TEMPERATURA** 65°C

Grãos do mosto	Quantidade
Malte Viena	4 kg
Malte Munique	800 g
Malte Carapils	750 g
Malte cristal	100 g

PARA A FERVURA

ÁGUA 27 litros **TEMPO** 1h15

Lúpulos	Quantidade	IBU	Quando adicionar
Perle 8%	27 g	23,1	No início da fervura
Hallertauer Mittelfrüh 5%	5 g	2,1	Últimos 30 min de fervura
Outro			
Agente clarificante	1 colher (chá)		Últimos 15 min de fervura

PARA FERMENTAR

FERMENTAÇÃO 12°C **CONDICIONAMENTO** 4 semanas a 3°C

Levedura

White Labs WLP820 Oktoberfest

DICA DO CERVEJEIRO

Esta cerveja fica melhor se mantida em temperatura controlada por quantas semanas você conseguir resistir à tentação!

Uma adição recente à família de cervejas bock, este estilo usa a levedura Hella bock, que proporciona um final limpo e deixa na boca um gosto de malte e lúpulo.

Helles bock

DENSIDADE ORIGINAL 1072 **DENSIDADE FINAL ESPERADA** 1019 **ÁGUA TOTAL** 35 LITROS

APRONTE 23 LITROS

BOA PARA CONSUMO 7 SEMANAS

ABV ESTIMADO 7,1%

ÍNDICE DE AMARGOR 32,2 IBU

CLASSIFICAÇÃO DE COR 17,5 EBC

PARA A BRASSAGEM

ÁGUA 18 litros **TEMPO** 1h **TEMPERATURA** 65°C

Grãos do mosto	Quantidade
Malte pilsen	3,75 kg
Malte Munique	2,47 kg
Malte aromático belga	600 g
Malte melanoidina	250 g

PARA A FERVURA

ÁGUA 27 litros **TEMPO** 1h15

Lúpulos	Quantidade	IBU	Quando adicionar
Northern Brewer 8%	40 g	30,2	No início da fervura
Spalt Select 4,5%	10 g	2	Últimos 15 min de fervura
Spalt Select 4,5%	8 g		Ao desligar
Outro			
Agente clarificante	1 colher (chá)		Últimos 15 min de fervura

PARA FERMENTAR

FERMENTAÇÃO 12°C **CONDICIONAMENTO** 6 semanas a 3°C

Levedura

Wyeast 2487 Hella bock

DICA DO CERVEJEIRO

Se não houver levedura Hella bock, substitua pela Wyeast 2124 Bohemian lager.

Produzida originalmente em Einbeck, na Alemanha, no século XIV, e depois adaptada em Munique, a bock é uma lager escura, forte e maltada, com pouco sabor de lúpulo.

Traditional bock

DENSIDADE ORIGINAL 1064 **DENSIDADE FINAL ESPERADA** 1015 **ÁGUA TOTAL** 35 LITROS

APRONTE 23 LITROS

BOA PARA CONSUMO 5 SEMANAS

ABV ESTIMADO 6,5%

ÍNDICE DE AMARGOR 22,1 IBU

CLASSIFICAÇÃO DE COR 29,1 EBC

PARA A BRASSAGEM

ÁGUA 19 litros **TEMPO** 1h **TEMPERATURA** 65°C

Grãos do mosto	Quantidade
Malte pale	2,75 kg
Malte Munique	2,75 kg
Malte Carapils	550 g
Malte Special B	350 g

PARA A FERVURA

ÁGUA 27 litros **TEMPO** 1h15

Lúpulos	Quantidade	IBU	Quando adicionar
Northern Brewer 8%	24 g	18,9	No início da fervura
Tettnang 4,5%	10 g	3,2	Últimos 30 min de fervura
Outro			
Agente clarificante	1 colher (chá)		Últimos 15 min de fervura

PARA FERMENTAR

FERMENTAÇÃO 12°C **CONDICIONAMENTO** 4 semanas a 3°C

Levedura

Wyeast 2206 Bohemian lager

Mais forte e mais maltada do que a Traditional bock *(p. 100)*, a Doppelbock foi criada por monges há dois séculos e era servida como "pão líquido" nos jejuns.

Doppelbock

DENSIDADE ORIGINAL 1075 **DENSIDADE FINAL ESPERADA** 1021 **ÁGUA TOTAL** 35 LITROS

APRONTE 23 LITROS

BOA PARA CONSUMO 7 SEMANAS

ABV ESTIMADO 7,3%

ÍNDICE DE AMARGOR 20,4 IBU

CLASSIFICAÇÃO DE COR 31,8 EBC

PARA A BRASSAGEM

ÁGUA 18,9 litros **TEMPO** 1h **TEMPERATURA** 65°C

Grãos do mosto	Quantidade
Malte pilsen	2,8 kg
Malte Munique	4,2 kg
Malte Caramunich II	286 g
Malte Carafa II especial	114 g

PARA A FERVURA

ÁGUA 27 litros **TEMPO** 1h10

Lúpulos	Quantidade	IBU	Quando adicionar
Perle 8%	20 g	14,4	No início da fervura
Tettnang 4,5%	20 g	6	Últimos 30 min de fervura
Outro			
Agente clarificante	1 colher (chá)		Últimos 15 min de fervura

PARA FERMENTAR

FERMENTAÇÃO 12°C **CONDICIONAMENTO** 6 semanas a 3°C

Levedura

Wyeast 2124 Bohemian lager

A Eisbock é forte e substanciosa, com sabor de malte e cor intensa. Tem alto teor alcoólico e deixa um leve sabor de chocolate no final – uma cerveja para ser saboreada.

Eisbock

DENSIDADE ORIGINAL 1113 **DENSIDADE FINAL ESPERADA** 1026 **ÁGUA TOTAL** 40 LITROS

APRONTE 23 LITROS | **BOA PARA CONSUMO** 7 SEMANAS | **ABV ESTIMADO** 11,8% | **ÍNDICE DE AMARGOR** 30,4 IBU | **CLASSIFICAÇÃO DE COR** 40 EBC

PARA A BRASSAGEM

ÁGUA 27 litros **TEMPO** 1h **TEMPERATURA** 65°C

Grãos do mosto	Quantidade
Malte pale	4,75 kg
Malte Munique	5,7 kg
Flocos de cevada	380 g
Malte chocolate	100 g
Malte Carafa I especial	95 g

PARA A FERVURA

ÁGUA 27 litros **TEMPO** 1h15

Lúpulos	Quantidade	IBU	Quando adicionar
Northern Brewer 8%	32 g	17,4	No início da fervura
Perle 8%	32 g	13	Últimos 30 min de fervura
Outro			
Agente clarificante	1 colher (chá)		Últimos 15 min de fervura

PARA FERMENTAR

FERMENTAÇÃO 12°C **CONDICIONAMENTO** 6 semanas a 3°C

Levedura
Wyeast 2308 Munich lager

Esta deliciosa lager escura é levemente lupulada com os lúpulos florais Hersbrucker e Perle. O resultado é uma cerveja macia, com final vivaz.

Dark American lager

DENSIDADE ORIGINAL 1055 **DENSIDADE FINAL ESPERADA** 1013 **ÁGUA TOTAL** 33 LITROS

APRONTE 23 LITROS | **BOA PARA CONSUMO** 5 SEMANAS | **ABV ESTIMADO** 5,6% | **ÍNDICE DE AMARGOR** 19,1 IBU | **CLASSIFICAÇÃO DE COR** 31,9 EBC

PARA A BRASSAGEM

ÁGUA 14 litros **TEMPO** 1h **TEMPERATURA** 65°C

Grãos do mosto	Quantidade
Malte pilsen	3,54 kg
Malte Munique	766 g
Flocos de milho	709 g
Malte Special B	300 g
Malte cristal 60L	153 g
Malte Carafa III especial	50 g

PARA A FERVURA

ÁGUA 27 litros **TEMPO** 1h15

Lúpulos	Quantidade	IBU	Quando adicionar
Northern Brewer 8%	22 g	18,9	No início da fervura
Perle 8%	6 g	0,2	Último minuto de fervura
Hallertauer Hersbrucker 3,5%	10 g	-	Ao desligar
Outro			
Agente clarificante	1 colher (chá)		Últimos 15 min de fervura

PARA FERMENTAR

FERMENTAÇÃO 12°C **CONDICIONAMENTO** 4 semanas a 3°C

Levedura

Wyeast 2035 American lager

Os toques de chocolate e caramelo casam perfeitamente com a doçura do malte Munique. O resultado é uma lager cheia de personalidade, com final clássico e macio.

Munich dunkel

DENSIDADE ORIGINAL 1055 **DENSIDADE FINAL ESPERADA** 1013 **ÁGUA TOTAL** 33 LITROS

APRONTE 23 LITROS **BOA PARA CONSUMO** 5 SEMANAS **ABV ESTIMADO** 5,5% **ÍNDICE DE AMARGOR** 27,4 IBU **CLASSIFICAÇÃO DE COR** 34,4 EBC

PARA A BRASSAGEM

ÁGUA 14 litros **TEMPO** 1h **TEMPERATURA** 65°C

Grãos do mosto	Quantidade
Malte lager	2 kg
Malte Munique	3 kg
Malte biscuit	200 g
Malte chocolate	100 g
Malte Carafa II especial	80 g

PARA A FERVURA

ÁGUA 27 litros **TEMPO** 1h15

Lúpulos	Quantidade	IBU	Quando adicionar
Magnum 11%	23 g	26,9	No início da fervura
Hallertauer Mittelfrüh 5%	5 g	0,5	Últimos 5 min de fervura
Hallertauer Mittelfrüh 5%	9 g	-	Ao desligar
Outro			
Agente clarificante	1 colher (chá)		Últimos 15 min de fervura

PARA FERMENTAR

FERMENTAÇÃO 12°C **CONDICIONAMENTO** 4 semanas a 3°C

Levedura

Fermentis W34/70

DICA DO CERVEJEIRO

Uma brassagem com decocção tripla (p. 59) dará um caráter mais maltado e cor mais intensa a essa cerveja.

Tão escura quanto uma stout, mas com o final refrescante e limpo de uma light lager, esta é uma cerveja fantástica e surpreendente.

Black lager

DENSIDADE ORIGINAL 1051 **DENSIDADE FINAL ESPERADA** 1012 **ÁGUA TOTAL** 32 LITROS

APRONTE 23 LITROS **BOA PARA CONSUMO** 5 SEMANAS **ABV ESTIMADO** 5,1% **ÍNDICE DE AMARGOR** 38,4 IBU **CLASSIFICAÇÃO DE COR** 57 EBC

PARA A BRASSAGEM

ÁGUA 13 litros **TEMPO** 1h **TEMPERATURA** 65°C

Grãos do mosto	Quantidade
Malte pale	4,5 kg
Malte melanoidina	250 g
Malte chocolate	100 g
Malte Carafa III especial	150 g

PARA A FERVURA

ÁGUA 27 litros **TEMPO** 1h15

Lúpulos	Quantidade	IBU	Quando adicionar
Centennial 8,5%	32 g	28,5	No início da fervura
Hallertauer Hersbrucker 3,5%	54 g	9,9	Últimos 15 min de fervura
Hallertauer Hersbrucker 3,5%	46 g	-	Ao desligar
Outro			
Agente clarificante	1 colher (chá)		Últimos 15 min de fervura

PARA FERMENTAR

FERMENTAÇÃO 14°C **CONDICIONAMENTO** 4 semanas a 3°C

Levedura

Wyeast 2042 Danish lager

VERSÃO COM EXTRATO DE MALTE

Faça uma infusão de 250 g de **malte melanoidina**, 100 g de **malte chocolate** e 150 g de **Carafa III especial** em 27 litros de água a 65°C, por 30 minutos. Retire o malte; adicione 3,3 kg de **extrato de malte seco extraclaro**, leve à fervura e acrescente os lúpulos como especificado na receita principal.

Ales

Escolha popular entre cervejeiros artesanais, a ale é feita rapidamente, a uma temperatura em torno de 20°C, e demanda curto período de condicionamento.

A ale é uma cerveja saborosa, com uma longa história. Na Idade Média, por exemplo, era uma fonte de hidratação e nutrição, com ales de baixo teor alcoólico (conhecidas como "small beers") consumidas ao longo do dia, devido à indisponibilidade de água fresca potável.

LEVEDURA DE ALTA FERMENTAÇÃO

As ales modernas são produzidas a 16-22°C, com leveduras de alta fermentação – que emergem à superfície do mosto durante a fermentação primária. Essas condições permitem à levedura criar muitos componentes que dão sabor e ésteres e conferem uma grande variedade de sabores complexos de frutas e maltes ao produto final.

MALTES E LÚPULOS

A maioria dos açúcares fermentáveis do mosto da ale vem da cevada maltada clara, que é misturada com maltes mais escuros para dar mais personalidade. Em quantidades variadas, os lúpulos também estão presentes em todas as ales; conferem amargor, sabor e aroma, preservam a cerveja e equilibram o gosto do álcool. Com os mais variados tipos de maltes e lúpulos disponíveis no mercado *(pp. 22-31)*, são inúmeras as opções para um cervejeiro se aventurar.

O ideal é servi-las frias, não geladas, para realçar os sabores de malte e lúpulo. Os níveis de carbonatação são baixos, e, para conservar suas características, é melhor armazená-las – e servi-las – em barris ou barriletes, em vez de garrafas.

Pale ale

Feita com grandes quantidades de maltes pale e água mole, a pale ale tem amargor suave e equilibrado.

Aparência Palha a dourado-claro com espuma pequena e duradoura.

Paladar Macia e cremosa; leve amargor do lúpulo. Os sabores produzidos pelas leveduras influenciam as características.

Aroma Esse tipo de cerveja tem leve odor maltado; o aroma determinado pela variedade do lúpulo gera notas florais sutis.

Concentração 4-6% ABV

(GB) As pale ales inglesas têm um toque floral leve e não são tão amargas. Pode haver um leve final de caramelo.

(BE) As pale ales belgas são fortes, com sabores picantes da levedura local.

(EUA) As norte-americanas são bem lupuladas e cítricas e têm final limpo e seco.

pp. 112-30

India pale ale (IPA)

Criada para resistir a longas jornadas marítimas, a IPA é bastante lupulada e alcoólica.

Aparência Cor palha a dourado intenso; boa limpidez, com espuma baixa e persistente.

Paladar Sabores fortes e picantes, amargor suave e final seco.

Aroma Moderadamente lupulado, com aroma de malte e caramelo.

Concentração 5-7,5% ABV

(GB) As India pale ales inglesas têm suaves aromas florais e picantes de lúpulo. Embora possam apresentar um amargor forte, ele é compensado pelo teor alcoólico.

(EUA) As versões norte-americanas têm aromas e sabores cítricos provenientes dos lúpulos produzidos nos Estados Unidos. São mais fortes e amargas do que as inglesas.

pp. 131-6

Sour e lambic ales

A levedura usada nessas ales produz um gosto ácido, equilibrado com notas frutadas e picantes.

Aparência Varia com o tipo, mas em geral tem cores de frutas. Razoavelmente turva, com espuma cremosa.

Paladar Depende do tipo, mas geralmente é doce, ácido, pungente e muito característico.

Aroma Perfumes fortes de frutas, muitas vezes com notas picantes.

Concentração 3,2-7% ABV

(BE) As belgas são bem alcoólicas, com mais tempo de envelhecimento, o que resulta em cervejas saborosas e complexas, semelhantes a um vinho tinto.

(AL) As alemãs são ácidas, suavemente frutadas, bem carbonatadas e de final bastante seco, com baixo teor alcoólico e espuma cremosa e duradoura.

pp. 137-9

Bitter

Costuma ser o principal estilo do cervejeiro profissional; tem baixa carbonatação e fica melhor se extraída de uma barrica com bomba manual.

Aparência Ouro-claro a cobre-escuro, com boa limpidez e espuma leve.

Paladar Mais amargo do que doce, mas bem equilibrado. Sabores de caramelo e frutas são comuns.

Aroma Presença leve a moderada de lúpulo, com notas de malte e, às vezes, de caramelo.

Concentração 3,2-6% ABV

(GB) As bitters inglesas são levemente lupuladas, pouco concentradas e têm final adocicado, com toques de frutas. As escocesas, fermentadas em temperaturas mais baixas, têm sabor mais limpo e seco.

pp. 140-9

Strong ale

Às vezes produzida para ocasiões especiais, deve ser apreciada com moderação. A maioria fica melhor quando envelhecida.

Aparência Cobre a vermelho intenso, com espuma bege duradoura. Às vezes é um pouco turva.

Paladar Varia com o estilo. Costuma ser picante e maltado, com sabores frutados do processo de fermentação.

Aroma Pouco ou nenhum aroma de lúpulo, com traços de malte e caramelo.

Concentração 6-9% ABV

(GB) Strong ales inglesas recebem ervas e especiarias incomuns, o que cria cervejas deliciosas e complexas. São fortes, de cor âmbar-escuro.

(BE) As belgas, produzidas no mundo todo, são claras e têm sabores e aromas picantes característicos das cepas das leveduras.

pp. 150-9

Brown ale

De um estilo tradicional inglês que está ficando raro, é produzida principalmente no norte da Inglaterra e também em alguns outros lugares.

Aparência Âmbar-escuro a marrom avermelhado, com espuma bege.

Paladar Amendoado com notas de caramelo e biscoito; um amargor mediano equilibra a doçura.

Aroma Cheiro leve de lúpulo, com presença clara de maltes e caramelo.

Concentração 2,8-5,4% ABV

(GB) As brown ales do norte da Inglaterra são fortes, maltadas e amendoadas; as do sul são em geral mais escuras e doces, com teor alcoólico mais baixo.

pp. 160-3

Mild

Pouco densa e de sabor leve, foi criada para ser consumida em quantidade. Embora esteja ficando rara, ainda é popular em partes da Inglaterra.

Aparência Cobre-escuro a marrom-escuro, com espuma leve e efêmera.

Paladar Leve, com sabores sutis de lúpulo; é surpreendentemente saborosa, apesar do baixo teor alcoólico.

Aroma Pouco ou nenhum aroma de lúpulo, com traços de caramelo, biscoito e torrados.

Concentração 2,8-4,5% ABV

(GB) Foi popular nas Midlands inglesas, onde a cerveja refrescante e barata era consumida por trabalhadores da indústria.

pp. 164-5

Barley wine

Chamada assim pelos sabores complexos e concentrados frequentemente associados ao vinho, é bem alcoólica.

- **Aparência** Dourado intenso a âmbar--escuro. Por causa do alto teor alcoólico, ficam "lágrimas" no copo, quando agitada.
- **Paladar** Sabores doces e complexos de malte, com notas de caramelo, frutas secas, nozes e toffee.
- **Aroma** Algum aroma de lúpulo, com traços fortes de malte e caramelo. As clássicas se assemelham ao xerez.
- **Concentração** 8-12% ABV
- GB As inglesas são fortes, com sabores de frutas e caramelo. O amargor do lúpulo equilibra o alto teor alcoólico.
- EUA As norte-americanas têm o amargor intenso do lúpulo compensado por sabores complexos de malte e, muitas vezes, por notas cítricas.

pp. 166-8

Porter

Surgida no século XVIII, da brown ale, a porter era consumida por carregadores e trabalhadores portuários (em inglês, *porters*) – daí o nome.

- **Aparência** Marrom-escuro ou preta.
- **Paladar** Sabores torrados leves, bem maltada e às vezes com toques de alcaçuz.
- **Aroma** Notas torradas, com toque leve de chocolate, malte e um pouco de defumado.
- **Concentração** 4-7% ABV
- EU A Baltic porter – originalmente produzida nos países bálticos – é bem alcoólica, com caráter doce e maltado. Em geral, é de baixa fermentação como a lager.

pp. 169-73

Stout

Prima da porter, a stout no início era conhecida como stout porter – uma versão mais forte. Ela é encorpada e bastante escura.

- **Aparência** Marrom-escuro a preto--azeviche. Às vezes servida com nitrogênio, para criar uma espuma cremosa quase sem carbonatação.
- **Paladar** Sabores amargos torrados e queimados; deixa uma sensação cremosa na boca.
- **Aroma** De café torrado, às vezes com um traço de chocolate; pouco ou nenhum aroma de lúpulo.
- **Concentração** 4-7% ABV
- IR A Irish stout é a dry stout clássica – com espuma grossa e cremosa.
- GB A London stout tem densidade menor e pode ser bem doce.
- EUA A American stout tem aroma e amargor forte de lúpulo.

pp. 174-81

Os sabores e aromas cítricos dos lúpulos Galaxy e Wai-ti tornam esta cerveja particularmente refrescante, com um final maltado bem equilibrado.

Spring beer

DENSIDADE ORIGINAL 1046 **DENSIDADE FINAL ESPERADA** 1012 **ÁGUA TOTAL** 31,5 LITROS

APRONTE 23 LITROS | **BOA PARA CONSUMO** 5 SEMANAS | **ABV ESTIMADO** 4,5% | **ÍNDICE DE AMARGOR** 34,6 IBU | **CLASSIFICAÇÃO DE COR** 9,3 EBC

PARA A BRASSAGEM

ÁGUA 11,25 litros **TEMPO** 1h **TEMPERATURA** 65°C

Grãos do mosto	Quantidade
Malte pale	4 kg
Malte Munique	500 g

PARA A FERVURA

ÁGUA 27 litros **TEMPO** 1h10

Lúpulos	Quantidade	IBU	Quando adicionar
Galaxy 14,4%	30 g	34,6	No início da fervura
Galaxy 14,4%	30 g	-	Ao desligar
Wai-ti 4,5%	30 g	-	Ao desligar
Outro			
Agente clarificante	1 colher (chá)		Últimos 15 min de fervura

PARA FERMENTAR

FERMENTAÇÃO 18°C **CONDICIONAMENTO** 4 semanas a 12°C

Levedura

Wyeast 1275 Thames Valley ale

DICA DO CERVEJEIRO

Para um aroma mais frutado, experimente fazer dry hopping (p. 63) com 25 g de lúpulo Wai-ti no fermentador por 4 dias.

Com tom amarelo-acastanhado e sabor maltado, esta ale tem final suave, graças às flores de sabugueiro, e claramente frutado, com um toque de pêssego.

Elderflower ale

DENSIDADE ORIGINAL 1045 **DENSIDADE FINAL ESPERADA** 1011 **ÁGUA TOTAL** 31,5 LITROS

APRONTE 23 LITROS | **BOA PARA CONSUMO** 5 SEMANAS | **ABV ESTIMADO** 4,5% | **ÍNDICE DE AMARGOR** 36,6 IBU | **CLASSIFICAÇÃO DE COR** 13,5 EBC

PARA A BRASSAGEM

ÁGUA 11,2 litros **TEMPO** 1h **TEMPERATURA** 65°C

Grãos do mosto	Quantidade
Malte pale	4,3 kg
Malte cristal	100 g
Malte chocolate	16 g

PARA A FERVURA

ÁGUA 27 litros **TEMPO** 1h10

Lúpulos	Quantidade	IBU	Quando adicionar
Challenger 7%	56 g	31,5	No início da fervura
Fuggle 4,5%	28 g	5,1	Últimos 10 min de fervura
Challenger 7%	17 g	-	Ao desligar
Outros			
Agente clarificante	1 colher (chá)		Últimos 15 min de fervura
Flores de sabugueiro secas	15 g		Últimos 15 min de fervura

PARA FERMENTAR

FERMENTAÇÃO 20°C **CONDICIONAMENTO** 4 semanas a 12°C

Levedura

Wyeast 1275 Thames Valley ale

VERSÃO COM EXTRATO DE MALTE

Faça uma infusão de 100 g de **malte cristal** e 16 g de **malte chocolate** em 27 litros de água a 65°C, por 30 minutos. Retire o malte, adicione 2,75 kg de **extrato de malte seco**, leve à fervura e acrescente os lúpulos e as flores de sabugueiro como especificado na receita principal.

Esta pale ale deliciosa celebra a colheita de outono e anuncia a nova estação. É uma cerveja fresca e vivaz, com paladar granulado e final cítrico.

Harvest pale ale

DENSIDADE ORIGINAL 1041 **DENSIDADE FINAL ESPERADA** 1010 **ÁGUA TOTAL** 31,5 LITROS

APRONTE 23 LITROS

BOA PARA CONSUMO 5 SEMANAS

ABV ESTIMADO 4,2%

ÍNDICE DE AMARGOR 41,1 IBU

CLASSIFICAÇÃO DE COR 11 EBC

PARA A BRASSAGEM

ÁGUA 10,25 litros **TEMPO** 1h **TEMPERATURA** 65°C

Grãos do mosto	Quantidade
Malte lager	3,7 kg
Malte Viena	200 g
Malte de trigo cristal	200 g

PARA A FERVURA

ÁGUA 27 litros **TEMPO** 1h10

Lúpulos	Quantidade	IBU	Quando adicionar
Magnum 16%	21 g	39,3	No início da fervura
Willamette 6,3%	7 g	1,8	Últimos 10 min de fervura
Willamette 6,3%	20 g	-	Ao desligar
Cascade 6,6%	20 g	-	Ao desligar
Outro			
Agente clarificante	1 colher (chá)		Últimos 15 min de fervura

PARA FERMENTAR

FERMENTAÇÃO 18°C **CONDICIONAMENTO** 4 semanas a 12°C

Levedura

White Labs WLP060 American ale blend

A ESB, ou extra special bitter, é produzida como uma pale ale premium. Forte, maltada e com final de caramelo, levemente frutado, é deliciosa.

ESB ale

DENSIDADE ORIGINAL 1054 **DENSIDADE FINAL ESPERADA** 1016 **ÁGUA TOTAL** 32,5 LITROS

APRONTE 23 LITROS | **BOA PARA CONSUMO** 5 SEMANAS | **ABV ESTIMADO** 5,1% | **ÍNDICE DE AMARGOR** 32,5 IBU | **CLASSIFICAÇÃO DE COR** 16,2 EBC

PARA A BRASSAGEM

ÁGUA 13,5 litros **TEMPO** 1h **TEMPERATURA** 65°C

Grãos do mosto	Quantidade
Malte pale	5 kg
Malte cristal	224 g
Trigo não maltado	115 g
Malte chocolate	17 g

PARA A FERVURA

ÁGUA 27 litros **TEMPO** 1h10

Lúpulos	Quantidade	IBU	Quando adicionar
Challenger 7%	38 g	28,4	No início da fervura
East Kent Golding 5,5%	20 g	4,1	Últimos 10 min de fervura
Fuggle 4,5%	13 g	-	Ao desligar
Outro			
Agente clarificante	1 colher (chá)		Últimos 15 min de fervura

PARA FERMENTAR

FERMENTAÇÃO 20°C **CONDICIONAMENTO** 4 semanas a 12°C

Levedura

Wyeast 1187 Ringwood ale

VERSÃO COM EXTRATO DE MALTE

Faça uma infusão de 224 g de **malte cristal** e 17 g de **malte chocolate** em 27 litros de água a 65°C, por 30 minutos. Retire o malte, adicione 3 kg de **extrato de malte seco** e 250 g de **extrato de malte de trigo seco**, leve à fervura e acrescente os lúpulos como especificado na receita principal.

O Amarillo é um dos tipos de lúpulo mais pungentes e, particularmente, meu favorito. Ao abrir o pacote, o aroma cítrico forte perfuma o ar.

Amarillo single hop ale

DENSIDADE ORIGINAL 1050 **DENSIDADE FINAL ESPERADA** 1012 **ÁGUA TOTAL** 32 LITROS

APRONTE 23 LITROS

BOA PARA CONSUMO 7 SEMANAS

ABV ESTIMADO 5%

ÍNDICE DE AMARGOR 40 IBU

CLASSIFICAÇÃO DE COR 10 EBC

PARA A BRASSAGEM

ÁGUA 12,3 litros **TEMPO** 1h **TEMPERATURA** 65°C

Grãos do mosto	Quantidade
Malte pale	4,7 kg
Malte Carapils	235 g

PARA A FERVURA

ÁGUA 27 litros **TEMPO** 1h10

Lúpulo	Quantidade	IBU	Quando adicionar
Amarillo 5%	54 g	29,9	No início da fervura
Amarillo 5%	27 g	7,2	Últimos 15 min de fervura
Amarillo 5%	27 g	2,9	Últimos 5 min de fervura
Amarillo 5%	83 g	-	Ao desligar
Outro			
Agente clarificante	1 colher (chá)		Últimos 15 min de fervura

PARA FERMENTAR

FERMENTAÇÃO 18°C **CONDICIONAMENTO** 6 semanas a 12°C

Levedura

Wyeast 1056 American ale

VERSÃO COM EXTRATO DE MALTE

Faça uma infusão de 235 g de **malte Carapils** em 27 litros de água a 65°C, por 30 minutos. Retire o malte, adicione 3 kg de **extrato de malte seco claro**, leve à fervura e acrescente o lúpulo como especificado na receita principal.

O aroma delicioso de groselha deste lúpulo lembra o da uva sauvignon blanc, da qual deriva seu nome.

Nelson Sauvin single hop ale

DENSIDADE ORIGINAL 1050 **DENSIDADE FINAL ESPERADA** 1012 **ÁGUA TOTAL** 32 LITROS

APRONTE 23 LITROS

BOA PARA CONSUMO 7 SEMANAS

ABV ESTIMADO 5%

ÍNDICE DE AMARGOR 40 IBU

CLASSIFICAÇÃO DE COR 10 EBC

PARA A BRASSAGEM

ÁGUA 12,3 litros **TEMPO** 1h **TEMPERATURA** 65°C

Grãos do mosto	Quantidade
Malte pale	4,7 kg
Malte Carapils	235 g

PARA A FERVURA

ÁGUA 27 litros **TEMPO** 1h10

Lúpulo	Quantidade	IBU	Quando adicionar
Nelson Sauvin 12,5%	22 g	29,9	No início da fervura
Nelson Sauvin 12,5%	11 g	7,2	Últimos 15 min de fervura
Nelson Sauvin 12,5%	11 g	2,9	Últimos 5 min de fervura
Nelson Sauvin 12,5%	33 g	-	Ao desligar
Outro			
Agente clarificante	1 colher (chá)		Últimos 15 min de fervura

PARA FERMENTAR

FERMENTAÇÃO 18°C **CONDICIONAMENTO** 6 semanas a 12°C

Levedura

Wyeast 1056 American ale

VERSÃO COM EXTRATO DE MALTE

Faça uma infusão com 235 g de **malte Carapils** em 27 litros de água a 65°C, por 30 minutos. Retire o malte, adicione 3 kg de **extrato de malte seco claro**, leve à fervura e acrescente o lúpulo como especificado na receita principal.

O East Kent Golding é um lúpulo inglês clássico e um dos favoritos dos cervejeiros. Com delicado aroma floral e levemente picante, cria uma cerveja bem balanceada.

East Kent Golding single hop ale

DENSIDADE ORIGINAL 1050 **DENSIDADE FINAL ESPERADA** 1012 **ÁGUA TOTAL** 32 LITROS

APRONTE 23 LITROS

BOA PARA CONSUMO 7 SEMANAS

ABV ESTIMADO 5%

ÍNDICE DE AMARGOR 40 IBU

CLASSIFICAÇÃO DE COR 10 EBC

PARA A BRASSAGEM

ÁGUA 12,3 litros **TEMPO** 1h **TEMPERATURA** 65°C

Grãos do mosto	Quantidade
Malte pale	4,7 kg
Malte Carapils	235 g

PARA A FERVURA

ÁGUA 27 litros **TEMPERATURA** 1h10

Lúpulo	Quantidade	IBU	Quando adicionar
East Kent golding 5,5%	49 g	29,9	No início da fervura
East Kent golding 5,5%	24 g	7,2	Últimos 15 min de fervura
East Kent golding 5,5%	24 g	2,9	Últimos 5 min de fervura
East Kent golding 5,5%	75 g	-	Ao desligar
Outro			
Agente clarificante	1 colher (chá)		Últimos 15 min de fervura

PARA FERMENTAR

FERMENTAÇÃO 18°C **CONDICIONAMENTO** 6 semanas a 12°C

Levedura

Wyeast 1056 American ale

DICA DO CERVEJEIRO

Para um aroma mais lupulado, experimente fazer dry hopping (p. 63) com 30 g de lúpulo East Kent golding no fermentador por 4 dias.

VERSÃO COM EXTRATO DE MALTE

Faça uma infusão de 235 g de **malte Carapils** em 27 litros de água a 65°C, por 30 minutos. Retire o malte, adicione 3 kg de **extrato de malte seco claro**, leve à fervura e acrescente o lúpulo como especificado na receita principal.

Um lúpulo nobre clássico – uma das quatro variedades da Europa Central, apreciada por seu aroma –, o Saaz confere aroma floral e caráter picante a esta ale.

Saaz single hop ale

DENSIDADE ORIGINAL 1050 **DENSIDADE FINAL ESPERADA** 1012 **ÁGUA TOTAL** 32 LITROS

APRONTE 23 LITROS

BOA PARA CONSUMO 7 SEMANAS

ABV ESTIMADO 5%

ÍNDICE DE AMARGOR 40 IBU

CLASSIFICAÇÃO DE COR 10 EBC

PARA A BRASSAGEM

ÁGUA 12,3 litros **TEMPO** 1h **TEMPERATURA** 65°C

Grãos do mosto	Quantidade
Malte pale	4,7 kg
Malte Carapils	235 g

PARA A FERVURA

ÁGUA 27 litros **TEMPO** 1h10

Lúpulo	Quantidade	IBU	Quando adicionar
Saaz 4,2%	64 g	29,9	No início da fervura
Saaz 4,2%	32 g	7,2	Últimos 15 min de fervura
Saaz 4,2%	32 g	2,9	Últimos 5 min de fervura
Saaz 4,2%	99 g	-	Ao desligar
Outro			
Agente clarificante	1 colher (chá)		Últimos 15 min de fervura

PARA FERMENTAR

FERMENTAÇÃO 18°C **CONDICIONAMENTO** 6 semanas a 12°C

Levedura

Wyeast 1056 American ale

VERSÃO COM EXTRATO DE MALTE

Faça uma infusão de 235 g de **malte Carapils** em 27 litros de água a 65°C, por 30 minutos. Retire o malte, adicione 3 kg de **extrato de malte seco claro**, leve à fervura e acrescente o lúpulo como especificado na receita principal.

As características florais e cítricas do Cascade o tornam uma opção popular entre os cervejeiros. É mais suave que outros tipos cítricos de lúpulo e tem notas de grapefruit.

Cascade single hop ale

DENSIDADE ORIGINAL 1050 **DENSIDADE FINAL ESPERADA** 1012 **ÁGUA TOTAL** 32 LITROS

APRONTE 23 LITROS **BOA PARA CONSUMO** 7 SEMANAS **ABV ESTIMADO** 5% **ÍNDICE DE AMARGOR** 40 IBU **CLASSIFICAÇÃO DE COR** 10 EBC

PARA A BRASSAGEM

ÁGUA 12,3 litros **TEMPO** 1h **TEMPERATURA** 65°C

Grãos do mosto	Quantidade
Malte pale	4,7 kg
Malte Carapils	235 g

PARA A FERVURA

ÁGUA 27 litros **TEMPO** 1h10

Lúpulo	Quantidade	IBU	Quando adicionar
Cascade 6,6%	41 g	29,9	No início da fervura
Cascade 6,6%	20 g	7,2	Últimos 15 min de fervura
Cascade 6,6%	20 g	2,9	Últimos 5 min de fervura
Cascade 6,6%	63 g	-	Ao desligar

Outro			
Agente clarificante	1 colher (chá)		Últimos 15 min de fervura

PARA FERMENTAR

FERMENTAÇÃO 18°C **CONDICIONAMENTO** 6 semanas a 12°C

Levedura

Wyeast 1056 American ale

VERSÃO COM EXTRATO DE MALTE

Faça uma infusão de 235 g de **malte Carapils** em 27 litros de água a 65°C, por 30 minutos. Retire o malte, adicione 3 kg de **extrato de malte seco claro**, leve à fervura e acrescente o lúpulo como especificado na receita principal.

A baixa densidade do mosto e o baixo teor alcoólico fazem desta ale dourada uma ótima cerveja para beber com os amigos. Tem um delicioso aroma floral.

Pale ale

DENSIDADE ORIGINAL 1041 **DENSIDADE FINAL ESPERADA** 1012 **ÁGUA TOTAL** 31,5 LITROS

APRONTE 23 LITROS **BOA PARA CONSUMO** 5 SEMANAS **ABV ESTIMADO** 3,8% **ÍNDICE DE AMARGOR** 26 IBU **CLASSIFICAÇÃO DE COR** 7,1 EBC

PARA A BRASSAGEM

ÁGUA 11 litros **TEMPO** 1h **TEMPERATURA** 65°C

Grãos do mosto	Quantidade
Malte extra pale	4,3 kg
Malte cristal claro	95 g

PARA A FERVURA

ÁGUA 27 litros **TEMPO** 1h10

Lúpulos	Quantidade	IBU	Quando adicionar
Challenger 7%	35 g	26	No início da fervura
East Kent Golding 5,5%	23 g	-	Ao desligar
Styrian Golding 4,5%	16 g	-	Ao desligar
Outro			
Agente clarificante	1 colher (chá)		Últimos 15 min de fervura

PARA FERMENTAR

FERMENTAÇÃO 18°C **CONDICIONAMENTO** 4 semanas a 12°C

Levedura

White Labs WLP005 English ale

VERSÃO COM EXTRATO DE MALTE

Faça uma infusão de 95 g de **malte cristal** em 27 litros de água a 65°C, por 30 minutos. Retire o malte, adicione 2,75 kg de **extrato de malte seco extra claro**, leve à fervura e acrescente os lúpulos como especificado na receita principal.

Esta ale deliciosa, forte e refrescante tem final seco e áspero. O mel confere um sabor mais seco do que doce, embora ainda deixe seu toque característico.

Honey ale

DENSIDADE ORIGINAL 1057 **DENSIDADE FINAL ESPERADA** 1011 **ÁGUA TOTAL** 34 LITROS

APRONTE 23 LITROS | **BOA PARA CONSUMO** 5 SEMANAS | **ABV ESTIMADO** 6,2% | **ÍNDICE DE AMARGOR** 10 IBU | **CLASSIFICAÇÃO DE COR** 16,2 EBC

PARA A BRASSAGEM

ÁGUA 12,5 litros **TEMPO** 1h **TEMPERATURA** 65°C

Grãos do mosto	Quantidade
Malte pale	4,5 kg
Malte biscuit	350 g
Malte cristal	250 g

PARA A FERVURA

ÁGUA 27 litros **TEMPO** 1h15

Lúpulos	Quantidade	IBU	Quando adicionar
Challenger 7%	12 g	9,6	No início da fervura
Target 10,5%	8 g	0,4	Último min de fervura
Outros			
Agente clarificante	1 colher (chá)		Últimos 15 min de fervura
Mel	500 g		Últimos 5 min de fervura

PARA FERMENTAR

FERMENTAÇÃO 18°C **CONDICIONAMENTO** 4 semanas a 12°C

Levedura

Danstar Nottingham ale B

VERSÃO COM EXTRATO DE MALTE

Faça uma infusão de 350 g de **malte biscuit** e 250 g de **malte cristal** em 27 litros de água a 65°C, por 30 minutos. Retire o malte, adicione 2,85 g de **extrato de malte seco claro**, leve à fervura e acrescente os outros ingredientes da receita principal.

Também conhecida como Fraoch e produzida na Escócia desde 2000 a.C., esta é uma golden ale muito boa, com aroma de grama e ervas e final levemente picante.

Heather ale

DENSIDADE ORIGINAL 1051 **DENSIDADE FINAL ESPERADA** 1014 **ÁGUA TOTAL** 32,5 LITROS

APRONTE 23 LITROS | **BOA PARA CONSUMO** 5 SEMANAS | **ABV ESTIMADO** 4,9% | **ÍNDICE DE AMARGOR** 25 IBU | **CLASSIFICAÇÃO DE COR** 15,9 EBC

PARA A BRASSAGEM

ÁGUA 12,7 litros **TEMPO** 1h **TEMPERATURA** 65°C

Grãos do mosto	Quantidade
Malte pale	4,34 kg
Malte Caramalt	500 g
Malte de trigo cristal	200 g

PARA A FERVURA

ÁGUA 27 litros **TEMPO** 1h10

Lúpulo	Quantidade	IBU	Quando adicionar
Golding 5,5%	41 g	25	No início da fervura
Golding 5,5%	20 g	-	Ao desligar
Outros			
Pontas de urze frescas	75 g		No início da fervura
Agente clarificante	1 colher (chá)		Últimos 15 min de fervura
Pontas de urze frescas	75 g		Ao desligar

PARA FERMENTAR

FERMENTAÇÃO 18°C **CONDICIONAMENTO** 4 semanas a 12°C

Levedura

White Labs WLP028 Edinburgh ale

DICA DO CERVEJEIRO

Experimente adicionar 20 g de mírica (um arbusto de folhas decíduas) ao desligar o fogo, para dar um caráter resinoso e agridoce à cerveja.

VERSÃO COM EXTRATO DE MALTE

Faça uma infusão de 500 g de **Caramalt** e 200 g de **malte de trigo cristal** em 27 litros de água a 65°C, por 30 minutos. Retire o malte; adicione 2,8 kg de **extrato de malte seco claro**, ferva e acrescente o lúpulo como especificado na receita principal.

Mais leve que suas primas dubbel e tripel *(pp. 156-7)*, a Belgian pale ale é muito palatável. Os maltes pale e os lúpulos claros criam um equilíbrio perfeito no sabor.

Belgian pale ale

DENSIDADE ORIGINAL 1051 **DENSIDADE FINAL ESPERADA** 1013 **ÁGUA TOTAL** 32,5 LITROS

APRONTE 23 LITROS | **BOA PARA CONSUMO** 5 SEMANAS | **ABV ESTIMADO** 5,1% | **ÍNDICE DE AMARGOR** 25 IBU | **CLASSIFICAÇÃO DE COR** 16,7 EBC

PARA A BRASSAGEM

ÁGUA 12,8 litros **TEMPO** 1h **TEMPERATURA** 65°C

Grãos do mosto	Quantidade
Malte Belgian ale	4,6 kg
Malte Caramunich I	500 g

PARA A FERVURA

ÁGUA 27 litros **TEMPO** 1h10

Lúpulos	Quantidade	IBU	Quando adicionar
Golding 5,5%	38 g	22,9	No início da fervura
Saaz 4,2%	13 g	2,1	Últimos 10 min de fervura
Saaz 4,2%	38 g	-	Ao desligar
Outro			
Agente clarificante	1 colher (chá)		Últimos 15 min de fervura

PARA FERMENTAR

FERMENTAÇÃO 20°C **CONDICIONAMENTO** 4 semanas a 12°C

Levedura

Wyeast 3522 Belgian Ardennes

DICA DO CERVEJEIRO

Para produzir uma cerveja mais frutada, substitua a levedura pela Wyeast 3942 Belgian wheat.

VERSÃO COM EXTRATO DE MALTE

Faça uma infusão de 500 g de **malte Caramunich** I em 27 litros de água a 65°C, por 30 minutos. Retire o malte, adicione 2,9 kg de **extrato de malte seco claro**, leve à fervura e acrescente os lúpulos como especificado na receita principal.

Originalmente fabricada como uma summer beer na parte francesa da Bélgica, a Saison é uma ale refrescante e condimentada, com fortes notas cítricas.

Saison

DENSIDADE ORIGINAL 1051 **DENSIDADE FINAL ESPERADA** 1010 **ÁGUA TOTAL** 32 LITROS

APRONTE 23 LITROS | **BOA PARA CONSUMO** 5 SEMANAS | **ABV ESTIMADO** 5,6% | **ÍNDICE DE AMARGOR** 16,4 IBU | **CLASSIFICAÇÃO DE COR** 17,1 EBC

PARA A BRASSAGEM

ÁGUA 12,3 litros **TEMPO** 1h **TEMPERATURA** 65°C

Grãos do mosto	Quantidade
Malte pilsen	3,57 kg
Malte Munique	890 g
Malte de trigo	180 g
Malte Special B	135 g
Malte Caramunich II	135 g

PARA A FERVURA

ÁGUA 27 litros **TEMPO** 1h10

Lúpulos	Quantidade	IBU	Quando adicionar
Magnum 11%	13 g	16,4	No início da fervura
Styrian Golding Celeia 5,5%	20 g	-	Ao desligar
Outros			
Agente clarificante	1 colher (chá)		Últimos 15 min de fervura
Mel	200 g		Últimos 5 min de fervura

PARA FERMENTAR

FERMENTAÇÃO 24°C **CONDICIONAMENTO** 4 semanas a 12°C

Levedura

Wyeast 3724 Belgian saison

DICA DO CERVEJEIRO

Para obter uma atenuação (conversão de açúcar em álcool) adequada, aumente a temperatura de fermentação para 28°C após 4 dias.

Tradicionalmente produzida por monges belgas para consumo pessoal, a Patersbier é simples, leve e saborosa.

BEBA LOGO!

Patersbier

DENSIDADE ORIGINAL 1046 **DENSIDADE FINAL ESPERADA** 1010 **ÁGUA TOTAL** 31,5 LITROS

APRONTE 23 LITROS **BOA PARA CONSUMO** 4 SEMANAS **ABV ESTIMADO** 4,7% **ÍNDICE DE AMARGOR** 16,4 IBU **CLASSIFICAÇÃO DE COR** 5,7 EBC

PARA A BRASSAGEM

ÁGUA 11,25 litros **TEMPO** 1h **TEMPERATURA** 65°C

Grão do mosto	Quantidade
Malte Belgian pilsner	4,5 kg

PARA A FERVURA

ÁGUA 27 litros **TEMPO** 1h10

Lúpulos	Quantidade	IBU	Quando adicionar
Saaz 4,2%	30 g	14,4	No início da fervura
Hallertauer Mittelfrüh 5%	10 g	2	Últimos 10 min de fervura
Outro			
Agente clarificante	1 colher (chá)		Últimos 15 min de fervura

PARA FERMENTAR

FERMENTAÇÃO 22°C **CONDICIONAMENTO** 3 semanas a 12°C

Levedura

Wyeast 3787 Trappist high gravity

VERSÃO COM EXTRATO DE MALTE

Acrescente 2,9 kg de **extrato de malte seco claro** a 27 litros de água, ferva e adicione os lúpulos como especificado na receita principal.

DICA DO CERVEJEIRO

Experimente usar o lúpulo Saaz em ambas as adições durante a fervura. Isso dará à cerveja um aroma um pouco mais floral.

Nesta cerveja, o aroma leve do malte defumado com faia é complementado pelas notas cítricas dos lúpulos norte-americanos e pelo final limpo conferido pela levedura.

Smoked beer

DENSIDADE ORIGINAL 1051 **DENSIDADE FINAL ESPERADA** 1012 **ÁGUA TOTAL** 32 LITROS

APRONTE 23 LITROS
BOA PARA CONSUMO 6 SEMANAS
ABV ESTIMADO 5,1%
ÍNDICE DE AMARGOR 30,2 IBU
CLASSIFICAÇÃO DE COR 23,6 EBC

PARA A BRASSAGEM

ÁGUA 12,7 litros **TEMPO** 1h **TEMPERATURA** 65°C

Grãos do mosto	Quantidade
Malte pale	4 kg
Malte defumado	700 g
Malte cristal	300 g
Malte Carafa II especial	70 g

PARA A FERVURA

ÁGUA 27 litros **TEMPO** 1h10

Lúpulos	Quantidade	IBU	Quando adicionar
Chinook 13,3%	18 g	25,9	No início da fervura
Willamette 6,3%	18 g	4,3	Últimos 15 min de fervura
Willamette 6,3%	18 g	-	Ao desligar

Outro			
Agente clarificante	1 colher (chá)		Últimos 15 min de fervura

PARA FERMENTAR

FERMENTAÇÃO 18°C **CONDICIONAMENTO** 4 semanas a 12°C

Levedura
Wyeast 1056 American ale

DICA DO CERVEJEIRO

Para um caráter de cerveja envelhecida em barril, adicione 100 g de chips de carvalho ao fermentador depois de 3 dias, deixe por 1 semana e retire.

A IPA (India pale ale) foi produzida primeiro na Inglaterra, no século XIX, para exportação, e os altos teores de álcool e lúpulo ajudavam a conservá-la nas longas viagens marítimas.

English IPA

DENSIDADE ORIGINAL 1060 **DENSIDADE FINAL ESPERADA** 1017 **ÁGUA TOTAL** 33 LITROS

APRONTE 23 LITROS | **BOA PARA CONSUMO** 5 SEMANAS | **ABV ESTIMADO** 5,7% | **ÍNDICE DE AMARGOR** 60 IBU | **CLASSIFICAÇÃO DE COR** 13 EBC

PARA A BRASSAGEM

ÁGUA 13,9 litros **TEMPO** 1h **TEMPERATURA** 65°C

Grãos do mosto	Quantidade
Malte pale	5,8 kg
Malte cristal	145 g

PARA A FERVURA

ÁGUA 27 litros **TEMPO** 1h10

Lúpulos	Quantidade	IBU	Quando adicionar
Challenger 7%	70 g	50,5	No início da fervura
Golding 5,5%	35 g	9,5	Últimos 15 min de fervura
Golding 5,5%	35 g	-	Ao desligar
Outro			
Agente clarificante	1 colher (chá)		Últimos 15 min de fervura

PARA FERMENTAR

FERMENTAÇÃO 18°C **CONDICIONAMENTO** 4 semanas a 12°C

Levedura

Wyeast 1187 Ringwood ale

VERSÃO COM EXTRATO DE MALTE

Faça uma infusão de 145 g de **malte cristal** em 27 litros de água a 65°C, por 30 minutos. Retire o malte, adicione 3,7 kg de **extrato de malte seco claro**, leve à fervura e acrescente os lúpulos como especificado na receita principal.

DICA DO CERVEJEIRO

Após 4 dias, aumente a temperatura em 1°C por dia até 22°C. Isso ajudará a obter a atenuação (conversão de açúcar em álcool) correta.

Várias adições com três tipos de lúpulo dão a esta IPA sabor e aroma fortes e complexos, mas equilibrados – definitivamente uma cerveja para "lupulomaníacos".

60-minute IPA

DENSIDADE ORIGINAL 1055 **DENSIDADE FINAL ESPERADA** 1013 **ÁGUA TOTAL** 33 LITROS

APRONTE 23 LITROS

BOA PARA CONSUMO 7 SEMANAS

ABV ESTIMADO 5,7%

ÍNDICE DE AMARGOR 60 IBU

CLASSIFICAÇÃO DE COR 6,5 EBC

PARA A BRASSAGEM

ÁGUA 14 litros **TEMPO** 1h **TEMPERATURA** 65°C

Grão do mosto	Quantidade
Malte pale (cor clara)	5,5 kg

PARA A FERVURA

ÁGUA 27 litros **TEMPO** 1h

Lúpulos	Quantidade	IBU	Quando adicionar
Chinook 13,3%	7 g	8,9	No início da fervura
Amarillo 5%	7 g	3,4	No início da fervura
Chinook 13,3%	7 g	6,9	Últimos 30 min de fervura
Amarillo 5%	7 g	2,6	Últimos 30 min de fervura
Cascade 6,6%	7 g	3,4	Últimos 30 min de fervura

Depois 7 g de cada – Chinook, Amarillo e Cascade – a cada 5 min até completar 1h: nos últimos 25 min de fervura, Chinook 13,3% (IBU 6,2), Amarillo 5% (IBU 2,3) e Cascade 6,6% (IBU 3,1); últ 20 min, Chinook 13,3% (IBU 5,4), Amarillo 5% (IBU 2) e Cascade 6,6% (IBU 2,7); últ 15 min, Amarillo 5% (IBU 1,7) e Cascade 6,6% (IBU 2,2); últ 10 min, Chinook 13,3% (IBU 3,2), Amarillo 5% (IBU 1,2) e Cascade 6,6% (IBU 1,6); últ 5 min, Chinook 13,3% (IBU 1,8), Amarillo 5% (IBU 0,7) e Cascade 6,6% (IBU 0,9).

Outro		Quando adicionar
Agente clarificante	1 colher (chá)	Últimos 15 min de fervura

PARA FERMENTAR

FERMENTAÇÃO 18°C **CONDICIONAMENTO** 6 semanas a 12°C

Levedura

White Labs WLP001 California ale

VERSÃO COM EXTRATO DE MALTE

Adicione 3,5 kg de **extrato de malte seco extraclaro** a 27 litros de água, leve à fervura e acrescente os lúpulos como especificado na receita principal.

Esta cerveja tem todos os traços de uma American IPA clássica – o amargor lupulado compensado pelo teor alcoólico relativamente alto e forte aroma cítrico.

American IPA

DENSIDADE ORIGINAL 1060 **DENSIDADE FINAL ESPERADA** 1014 **ÁGUA TOTAL** 34 LITROS

APRONTE 23 LITROS | **BOA PARA CONSUMO** 7 SEMANAS | **ABV ESTIMADO** 6,2% | **ÍNDICE DE AMARGOR** 54,9 IBU | **CLASSIFICAÇÃO DE COR** 10,6 EBC

PARA A BRASSAGEM

ÁGUA 15 litros **TEMPO** 1h **TEMPERATURA** 65°C

Grão do mosto	Quantidade
Malte pale	6 kg

PARA A FERVURA

ÁGUA 27 litros **TEMPO** 1h10

Lúpulos	Quantidade	IBU	Quando adicionar
Citra 13,8%	29 g	40,9	No início da fervura
Citra 13,8%	15 g	7,2	Últimos 10 min de fervura
Simcoe 13%	15 g	6,8	Últimos 10 min de fervura
Citra 13,8%	44 g	-	Ao desligar
Simcoe 13%	44 g	-	Ao desligar
Outro			
Agente clarificante	1 colher (chá)		Últimos 15 min de fervura

PARA FERMENTAR

FERMENTAÇÃO 18°C **CONDICIONAMENTO** 6 semanas a 12°C

Levedura

White Labs WLP060 American ale blend

VERSÃO COM EXTRATO DE MALTE

Adicione 3,75 kg de **extrato de malte seco claro** a 27 litros de água, leve à fervura e acrescente os lúpulos como especificado na receita principal.

Esta cerveja não é tão forte quanto parece, pois a grande concentração alcoólica é equilibrada pelo amargor do lúpulo, pela doçura do malte e pelo aroma cítrico fresco.

Imperial IPA

DENSIDADE ORIGINAL 1083 **DENSIDADE FINAL ESPERADA** 1018 **ÁGUA TOTAL** 36 LITROS

APRONTE 23 LITROS | **BOA PARA CONSUMO** 13 SEMANAS | **ABV ESTIMADO** 8,6% | **ÍNDICE DE AMARGOR** 75 IBU | **CLASSIFICAÇÃO DE COR** 24 EBC

PARA A BRASSAGEM

ÁGUA 21 litros **TEMPO** 1h **TEMPERATURA** 65°C

Grãos do mosto	Quantidade
Malte pale	8,1 kg
Malte cristal claro (60L)	100 g
Malte chocolate	80 g

PARA A FERVURA

ÁGUA 27 litros **TEMPO** 1h10

Lúpulos	Quantidade	IBU	Quando adicionar
Chinook 13,3%	56 g	64	No início da fervura
Simcoe 13%	28 g	11	Últimos 10 min de fervura
Simcoe 13%	50 g	-	Ao desligar
Willamette 6,3%	50 g	-	Ao desligar

Outro			
Agente clarificante	1 colher (chá)		Últimos 15 min de fervura

PARA FERMENTAR

FERMENTAÇÃO 20°C **CONDICIONAMENTO** 12 semanas a 12°C

Levedura

White Labs WLP001 California ale

Lúpulo	Quantidade	IBU	Quando adicionar
Willamette 6,3%	50 g	-	Dry hopping após 4 dias

VERSÃO COM EXTRATO DE MALTE

Faça uma infusão de 100 g de **malte cristal claro** (60L) e 80 g de **malte chocolate** em 27 litros de água a 65°C, por 30 minutos. Retire o malte, adicione 5,1 kg de **extrato de malte seco claro**, leve à fervura e acrescente os lúpulos como especificado na receita principal.

Bem escura, com final limpo e cítrico de uma pale ou golden ale, esta cerveja apresenta uma contradição que confunde os sentidos e delicia o paladar.

Black IPA

DENSIDADE ORIGINAL 1054 **DENSIDADE FINAL ESPERADA** 1018 **ÁGUA TOTAL** 33 LITROS

APRONTE 23 LITROS

BOA PARA CONSUMO 7 SEMANAS

ABV ESTIMADO 5,1%

ÍNDICE DE AMARGOR 60 IBU

CLASSIFICAÇÃO DE COR 56 EBC

PARA A BRASSAGEM

ÁGUA 13,5 litros **TEMPO** 1h **TEMPERATURA** 65°C

Grãos do mosto	Quantidade
Malte pale	5,5 kg
Malte Carafa III especial	170 g
Malte chocolate	225 g

PARA A FERVURA

ÁGUA 27 litros **TEMPO** 1h10

Lúpulos	Quantidade	IBU	Quando adicionar
Apollo 19,5%	30 g	44	No início da fervura
Citra 13,8%	30 g	16	Últimos 10 min de fervura
Amarillo 5%	45 g	-	Ao desligar
Citra 13,8%	45 g	-	Ao desligar

Outro			
Agente clarificante	1 colher (chá)		Últimos 15 min de fervura

PARA FERMENTAR

FERMENTAÇÃO 18°C **CONDICIONAMENTO** 6 semanas a 12°C

Levedura

Wyeast 1187 Ringwood ale

Lúpulo	Quantidade	IBU	Quando adicionar
Citra 13,8%	45 g	-	Dry hopping após 4 dias

VERSÃO COM EXTRATO DE MALTE

Faça uma infusão de 170 g de malte **Carafa III especial** e 225 g de **malte chocolate** em 27 litros de água a 65°C, por 30 minutos. Retire o malte, adicione 3,15 kg de **extrato de malte seco**, ferva e acrescente os lúpulos como especificado na receita principal.

É preciso um longo processo de maturação para apurar os sabores desta cerveja complexa, ácida e frutada. Espere pelo menos um ano para prová-la.

Flanders red ale

DENSIDADE ORIGINAL 1056 **DENSIDADE FINAL ESPERADA** 1010 **ÁGUA TOTAL** 33 LITROS

APRONTE 23 LITROS

BOA PARA CONSUMO 1 ANO

ABV ESTIMADO 6,2%

ÍNDICE DE AMARGOR 20,7 IBU

CLASSIFICAÇÃO DE COR 29 EBC

PARA A BRASSAGEM

ÁGUA 14 litros **TEMPO** 1h **TEMPERATURA** 65°C

Grãos do mosto	Quantidade
Malte Viena	3,2 kg
Malte pale	1,6 kg
Malte de trigo	250 g
Malte Special B	300 g
Malte Caramunich III	300 g

PARA A FERVURA

ÁGUA 27 litros **TEMPO** 1h10

Lúpulo	Quantidade	IBU	Quando adicionar
East Kent golding 5,5%	36 g	20,7	No início da fervura
Outro			
Agente clarificante	1 colher (chá)		Últimos 15 min de fervura

PARA FERMENTAR

FERMENTAÇÃO pelo menos 4 semanas a 22°C
CONDICIONAMENTO pelo menos 6 meses a 22°C

Levedura
Wyeast 3763 Roselare Belgian blend

DICA DO CERVEJEIRO

Adicione uma frutinha fresca ao fermentador após 3 meses de condicionamento. Cerejas ou amoras são uma boa opção.

A lambic é uma cerveja ácida tradicional da Bélgica. A maior parte dos sabores vem das leveduras selvagens presentes na microflora do ambiente, que atuam no mosto.

Cherry lambic

DENSIDADE ORIGINAL 1060 **DENSIDADE FINAL ESPERADA** 1005 **ÁGUA TOTAL** 34 LITROS

APRONTE 23 LITROS | **BOA PARA CONSUMO** 70 DIAS | **ABV ESTIMADO** 7,3% | **ÍNDICE DE AMARGOR** 14 IBU | **CLASSIFICAÇÃO DE COR** 10 EBC

PARA A BRASSAGEM

ÁGUA 17,5 litros **TEMPO** 1h **TEMPERATURA** 65°C

Grãos do mosto	Quantidade
Malte pale	4,5 kg
Malte de trigo	1,5 kg

PARA A FERVURA

ÁGUA 27 litros **TEMPO** 1h10

Lúpulo	Quantidade	IBU	Quando adicionar
Challenger 13,3%	30 g	14	No início da fervura
Outro			
Agente clarificante	1 colher (chá)		Últimos 15 min de fervura

PARA FERMENTAR

FERMENTAÇÃO 22°C por 2 semanas, então adicionar cepas de leveduras secundárias e fermentar por mais 4 semanas

CONDICIONAMENTO 4 semanas a 12°C

Levedura

DCL WB-06, com 6 kg de cerejas frescas

Após 2 semanas, acrescente Wyeast 5335 Lactobacillus, Wyeast 5526 Brettanomyces Lambicus e Wyeast 5733 Pediococcus e deixe por mais 4 semanas

DICA DO CERVEJEIRO

Use um fermentador exclusivo para essa produção, pois as cepas de leveduras selvagens podem infectar futuros lotes de cerveja.

VERSÃO COM EXTRATO DE MALTE

Adicione 2 kg de **extrato de malte seco claro** e 1,7 kg de **extrato de malte de trigo seco** a 27 litros de água, leve à fervura e acrescente o lúpulo como especificado na receita principal.

Esta cerveja inglesa amarga clássica de tom amarelo-acastanhado equilibra malte e lúpulo com perfeição. A levedura London dá um final doce e levemente frutado.

London bitter

DENSIDADE ORIGINAL 1044 **DENSIDADE FINAL ESPERADA** 1012 **ÁGUA TOTAL** 32 LITROS

APRONTE 23 LITROS

BOA PARA CONSUMO 5 SEMANAS

ABV ESTIMADO 4,3%

ÍNDICE DE AMARGOR 22,1 IBU

CLASSIFICAÇÃO DE COR 17 EBC

PARA A BRASSAGEM

ÁGUA 11 litros **TEMPO** 1h **TEMPERATURA** 65°C

Grãos do mosto	Quantidade
Malte pale	4 kg
Malte cristal	396 g

PARA A FERVURA

ÁGUA 27 litros **TEMPO** 1h10

Lúpulos	Quantidade	IBU	Quando adicionar
Challenger 7%	25 g	20,3	No início da fervura
Fuggle 4,5%	10 g	1,8	Últimos 10 min de fervura
Golding 5,5%	6 g	-	Ao desligar
Outro			
Agente clarificante	1 colher (chá)		Últimos 15 min de fervura

PARA FERMENTAR

FERMENTAÇÃO 18°C **CONDICIONAMENTO** 4 semanas a 12°C

Levedura

Wyeast 1318 London ale III

VERSÃO COM EXTRATO DE MALTE

Faça uma infusão de 396 g de **malte cristal** em 27 litros de água a 65°C, por 30 minutos. Retire o malte, adicione 2,5 kg de **extrato de malte seco**, leve à fervura e acrescente os lúpulos como especificado na receita principal.

DICA DO CERVEJEIRO

Para uma cerveja menos doce, use apenas 200 g de malte cristal na brassagem e junte 30 g de malte chocolate.

Cerveja âmbar encorpada, com um toque de chocolate que evolui para amargor forte, a Yorkshire bitter é servida com colarinho cremoso.

Yorkshire bitter

DENSIDADE ORIGINAL 1041 **DENSIDADE FINAL ESPERADA** 1012 **ÁGUA TOTAL** 31,5 LITROS

APRONTE 23 LITROS | **BOA PARA CONSUMO** 5 SEMANAS | **ABV ESTIMADO** 3,8% | **ÍNDICE DE AMARGOR** 31 IBU | **CLASSIFICAÇÃO DE COR** 18 EBC

PARA A BRASSAGEM

ÁGUA 10,5 litros **TEMPO** 1h **TEMPERATURA** 65°C

Grãos do mosto	Quantidade
Malte pale	3,5 kg
Malte cristal	200 g
Trigo não maltado	350 g
Malte chocolate	42 g

PARA A FERVURA

ÁGUA 27 litros **TEMPO** 1h10

Lúpulos	Quantidade	IBU	Quando adicionar
Challenger 7%	29 g	24,3	No início da fervura
First Gold 8%	20 g	6,7	Últimos 10 min de fervura
First Gold 8%	12 g	-	Ao desligar
Outro			
Agente clarificante	1 colher (chá)		Últimos 15 min de fervura

PARA FERMENTAR

FERMENTAÇÃO 20°C **CONDICIONAMENTO** 4 semanas a 12°C

Levedura

Wyeast 1469 West Yorkshire ale

DICA DO CERVEJEIRO

Sirva de um barril usando uma bomba e um adaptador "pescoço de cisne" munido de cilindro de gás – isso vai arejar a cerveja e produzir mais espuma cremosa.

VERSÃO COM EXTRATO DE MALTE

Faça uma infusão de 200 g de **malte cristal** e 42 g de **malte chocolate** em 27 litros de água a 65°C, por 30 minutos. Retire o malte, adicione 2 kg de **extrato de malte seco** e 450 g de **extrato de malte de trigo seco**, leve à fervura e acrescente os lúpulos como especificado na receita principal.

Uma cerveja deliciosa e leve para as tardes de verão. Embora de pouca densidade, esta ale é saborosa e tem um final lupulado.

Summer ale

DENSIDADE ORIGINAL 1038 **DENSIDADE FINAL ESPERADA** 1012 **ÁGUA TOTAL** 31 LITROS

APRONTE 23 LITROS | **BOA PARA CONSUMO** 5 SEMANAS | **ABV ESTIMADO** 3,8% | **ÍNDICE DE AMARGOR** 29,3 IBU | **CLASSIFICAÇÃO DE COR** 13 EBC

PARA A BRASSAGEM

ÁGUA 9,5 litros **TEMPO** 1h **TEMPERATURA** 65°C

Grãos do mosto	Quantidade
Malte pale	3,4 kg
Malte cristal	300 g

PARA A FERVURA

ÁGUA 27 litros **TEMPO** 1h10

Lúpulos	Quantidade	IBU	Quando adicionar
East Kent Golding 5,5%	20 g	9,4	No início da fervura
Progress 5,5%	15 g	7	No início da fervura
East Kent Golding 5,5%	15 g	7,5	Últimos 30 min de fervura
Progress 5,5%	10 g	5	Últimos 30 min de fervura
East Kent Golding 5,5%	15 g	0,4	Último min de fervura
Outro			
Agente clarificante	1 colher (chá)		Últimos 15 min de fervura

PARA FERMENTAR

FERMENTAÇÃO 20°C **CONDICIONAMENTO** 4 semanas a 12°C

Levedura

Wyeast 1098 British ale

DICA DO CERVEJEIRO

Armazene num barril, não em garrafas, e sirva com o mínimo de espuma para um pint leve, lupulado e fácil de beber.

VERSÃO COM EXTRATO DE MALTE

Faça uma infusão de 300 g de **malte cristal** em 27 litros de água a 65°C, por 30 minutos. Retire o malte, adicione 2,2 kg de **extrato de malte seco**, leve à fervura e acrescente os lúpulos como especificado na receita principal.

Forte e maltada, com toques de biscoito e notas de cassis, esta é uma cerveja deliciosa para ser saboreada depois de um longo dia no trabalho.

Cornish Tin Miner's ale

DENSIDADE ORIGINAL 1058 **DENSIDADE FINAL ESPERADA** 1019 **ÁGUA TOTAL** 33 LITROS

APRONTE 23 LITROS | **BOA PARA CONSUMO** 9 SEMANAS | **ABV ESTIMADO** 5,2% | **ÍNDICE DE AMARGOR** 41,3 IBU | **CLASSIFICAÇÃO DE COR** 19 EBC

PARA A BRASSAGEM

ÁGUA 14,5 litros **TEMPO** 1h **TEMPERATURA** 65°C

Grãos do mosto	Quantidade
Malte pale	4,9 kg
Malte Caramunich	380 g
Malte biscuit	250 g
Malte cristal	185 g

PARA A FERVURA

ÁGUA 27 litros **TEMPO** 1h10

Lúpulos	Quantidade	IBU	Quando adicionar
First Gold 8%	46 g	38	No início da fervura
Bramling Cross 6%	15 g	3,3	Últimos 10 min de fervura
Bramling Cross 6%	15 g	-	Ao desligar
Outro			
Agente clarificante	1 colher (chá)		Últimos 15 min de fervura

PARA FERMENTAR

FERMENTAÇÃO 20°C **CONDICIONAMENTO** 8 semanas a 12°C

Levedura

White Labs WLP002 English ale

DICA DO CERVEJEIRO

Experimente trocar a levedura pela White Labs WLP007 dry English ale, se quiser uma versão mais seca dessa cerveja.

VERSÃO COM EXTRATO DE MALTE

Faça uma infusão de 380 g de **Caramunich**, 250 g de **malte biscuit** e 185 g de **malte cristal** em 27 litros de água a 65°C, por 30 minutos. Retire o malte, adicione 3,15 kg de **extrato de malte seco extraclaro**, leve à fervura e acrescente os lúpulos como especificado na receita principal.

Cerveja escocesa tradicional e leve, a Scottish 60 shilling é maltada e seca, com final vivaz e limpo.

Scottish 60 shilling

DENSIDADE ORIGINAL 1035 **DENSIDADE FINAL ESPERADA** 1010 **ÁGUA TOTAL** 30,5 LITROS

APRONTE 23 LITROS | **BOA PARA CONSUMO** 7 SEMANAS | **ABV ESTIMADO** 3,3% | **ÍNDICE DE AMARGOR** 11,6 IBU | **CLASSIFICAÇÃO DE COR** 18 EBC

PARA A BRASSAGEM

ÁGUA 8,6 litros **TEMPO** 1h **TEMPERATURA** 70°C

Grãos do mosto	Quantidade
Malte pale	3 kg
Malte Munique	175 g
Malte cristal	130 g
Malte melanoidina	100 g
Malte chocolate	50 g

PARA A FERVURA

ÁGUA 27 litros **TEMPO** 1h10

Lúpulo	Quantidade	IBU	Quando adicionar
Fuggle 4,5%	21 g	11,6	No início da fervura
Outro			
Agente clarificante	1 colher (chá)		Últimos 15 min de fervura

PARA FERMENTAR

FERMENTAÇÃO 18°C
CONDICIONAMENTO 6 semanas a 12°C

Levedura
Wyeast 1728 Scottish ale

A Scottish 70 shilling, também conhecida como "heavy", é uma cerveja de densidade média, com sabores pronunciados de malte e pouco sabor e aroma de lúpulo.

Scottish 70 shilling

DENSIDADE ORIGINAL 1041 **DENSIDADE FINAL ESPERADA** 1012 **ÁGUA TOTAL** 32,5 LITROS

APRONTE 23 LITROS

BOA PARA CONSUMO 5 SEMANAS

ABV ESTIMADO 3,9%

ÍNDICE DE AMARGOR 15 IBU

CLASSIFICAÇÃO DE COR 28,2 EBC

PARA A BRASSAGEM

ÁGUA 13 litros **TEMPO** 1h **TEMPERATURA** 70°C

Grãos do mosto	Quantidade
Malte pale	3,5 kg
Malte Caramunich II	450 g
Malte Carafa I	130 g

PARA A FERVURA

ÁGUA 27 litros **TEMPO** 1h15

Lúpulo	Quantidade	IBU	Quando adicionar
Golding 5,5%	23 g	15	No início da fervura
Outro			
Agente clarificante	1 colher (chá)		Últimos 15 min de fervura

PARA FERMENTAR

FERMENTAÇÃO 18°C **CONDICIONAMENTO** 4 semanas a 12°C

Levedura

Wyeast 1728 Scottish ale

VERSÃO COM EXTRATO DE MALTE

Faça uma infusão de 450 g de **malte Caramunich II** e 130 g de **Carafa I** em 27 litros de água a 65°C, por 30 minutos. Retire o malte, adicione 2,55 kg de **extrato de malte seco claro**, ferva e acrescente o lúpulo como especificado na receita principal.

Como outras cervejas escocesas, a Scottish 80 shilling é bem maltada, sem aroma de lúpulo, mas com final limpo e neutro. É um clássico escocês "de exportação".

Scottish 80 shilling

DENSIDADE ORIGINAL 1052 **DENSIDADE FINAL ESPERADA** 1015 **ÁGUA TOTAL** 32,5 LITROS

APRONTE 23 LITROS

BOA PARA CONSUMO 7 SEMANAS

ABV ESTIMADO 4,9%

ÍNDICE DE AMARGOR 16,5 IBU

CLASSIFICAÇÃO DE COR 29,2 EBC

PARA A BRASSAGEM

ÁGUA 13 litros **TEMPO** 1h **TEMPERATURA** 70°C

Grãos do mosto	Quantidade
Malte pale	4,6 kg
Malte Caramunich II	300 g
Malte cristal	200 g
Malte Carafa III	80 g

PARA A FERVURA

ÁGUA 27 litros **TEMPO** 1h10

Lúpulo	Quantidade	IBU	Quando adicionar
Golding 5,5%	27 g	16,5	No início da fervura
Outro			
Agente clarificante	1 colher (chá)		Últimos 15 min de fervura

PARA FERMENTAR

FERMENTAÇÃO 18°C **CONDICIONAMENTO** 6 semanas a 12°C

Levedura

Wyeast 1728 Scottish ale

VERSÃO COM EXTRATO DE MALTE

Faça uma infusão de 300 g de **malte Caramunich II**, 200 g de **malte cristal** e 80 g de **malte Carafa III** em 27 litros de água a 65°C, por 30 minutos. Retire o malte, adicione 2,9 kg de **extrato de malte seco claro**, leve à fervura e acrescente o lúpulo como especificado na receita principal.

De estilo parecido com o da English bitter, a Irish red ale é uma cerveja refrescante, levemente lupulada, com sabor maltado, final limpo e tom vermelho característico.

Irish red ale

DENSIDADE ORIGINAL 1051 **DENSIDADE FINAL ESPERADA** 1013 **ÁGUA TOTAL** 32,5 LITROS

APRONTE 23 LITROS | **BOA PARA CONSUMO** 7 SEMANAS | **ABV ESTIMADO** 5% | **ÍNDICE DE AMARGOR** 24,5 IBU | **CLASSIFICAÇÃO DE COR** 23 EBC

PARA A BRASSAGEM

ÁGUA 12,8 litros **TEMPO** 1h **TEMPERATURA** 65°C

Grãos do mosto	Quantidade
Malte pale	4,6 kg
Malte cristal	200 g
Flocos de cevada	300 g
Cevada torrada	50 g

PARA A FERVURA

ÁGUA 27 litros **TEMPO** 1h10

Lúpulos	Quantidade	IBU	Quando adicionar
Fuggle 4,5%	50 g	24,5	No início da fervura
Challenger 7%	33 g	-	Ao desligar
Outro			
Agente clarificante	1 colher (chá)		Últimos 15 min de fervura

PARA FERMENTAR

FERMENTAÇÃO 20°C
CONDICIONAMENTO 6 semanas a 12°C

Levedura
Wyeast 1084 Irish ale

Produzida no outono europeu para aproveitar a abundância da colheita de malte, esta deliciosa cerveja de inverno pode receber especiarias.

Winter warmer

DENSIDADE ORIGINAL 1062 **DENSIDADE FINAL ESPERADA** 1015 **ÁGUA TOTAL** 32,5 LITROS

APRONTE 23 LITROS

BOA PARA CONSUMO 8 SEMANAS

ABV ESTIMADO 6,2%

ÍNDICE DE AMARGOR 19,6 IBU

CLASSIFICAÇÃO DE COR 27,2 EBC

PARA A BRASSAGEM

ÁGUA 13,75 litros **TEMPO** 1h **TEMPERATURA** 65°C

Grãos do mosto	Quantidade
Malte pale	5,1 kg
Malte cristal	200 g
Trigo não maltado	100 g
Malte chocolate	100 g

PARA A FERVURA

ÁGUA 27 litros **TEMPO** 1h10

Lúpulos	Quantidade	IBU	Quando adicionar
East Kent Golding 5,5%	30 g	17,5	No início da fervura
Progress 5,5%	10 g	2,1	Últimos 10 min de fervura
Target 10,5%	10 g	-	Ao desligar
Outros			
Agente clarificante	1 colher (chá)		Últimos 15 min de fervura
Mel	500 g		Últimos 5 min de fervura

PARA FERMENTAR

FERMENTAÇÃO 20°C **CONDICIONAMENTO** 6 semanas a 12°C

Levedura

Wyeast 1968 London ESB

DICA DO CERVEJEIRO

Após 4 dias, ponha 1 colher (chá) de canela e 1 colher (sopa) de gengibre ralado em 50 ml de vodca por 15 minutos e adicione ao fermentador por 1 semana antes de engarrafar.

VERSÃO COM EXTRATO DE MALTE

Faça uma infusão de 200 g de **malte cristal** e 100 g de **malte chocolate** em 27 litros de água a 65°C, por 30 minutos. Retire o malte, adicione 3,3 kg de **extrato de malte seco claro**, ferva e acrescente os lúpulos como especificado na receita principal.

Escura e maltada, com um toque de especiarias natalinas, esta cerveja forte e especial deve maturar por três meses antes de ser degustada.

Christmas ale

DENSIDADE ORIGINAL 1063 **DENSIDADE FINAL ESPERADA** 1012 **ÁGUA TOTAL** 32,5 LITROS

APRONTE 23 LITROS

BOA PARA CONSUMO 12 SEMANAS

ABV ESTIMADO 6,8%

ÍNDICE DE AMARGOR 19,1 IBU

CLASSIFICAÇÃO DE COR 30,7 EBC

PARA A BRASSAGEM

ÁGUA 14 litros **TEMPO** 1h **TEMPERATURA** 67°C

Grãos do mosto	Quantidade
Malte pale	4,4 kg
Malte biscuit	500 g
Malte Caramunich I	350 g
Malte cristal	300 g
Trigo não maltado	100 g
Malte Carafa I especial	100 g

PARA A FERVURA

ÁGUA 27 litros **TEMPO** 1h10

Lúpulos	Quantidade	IBU	Quando adicionar
Challenger 7%	18 g	13,2	No início da fervura
Styrian Golding 4,5%	26 g	5,9	Últimos 15 min de fervura
Styrian Golding 4,5%	26 g	-	Ao desligar

Outros		Quando adicionar
Agente clarificante	1 colher (chá)	Últimos 15 min de fervura
Anis-estrelado	10 g	Últimos 10 min de fervura
Canela em pau	2 unidades	Últimos 10 min de fervura
Noz-moscada ralada	1 colher (chá)	Últimos 10 min de fervura
Açúcar cristal claro	500 g	Últimos 5 min de fervura

PARA FERMENTAR

FERMENTAÇÃO 22°C **CONDICIONAMENTO** 8 semanas a 12°C

Levedura

Wyeast 1028 London ale

Uma ale artesanal "de fazenda" do norte da França, esta cerveja era produzida no início da primavera e armazenada até o verão. Tem uma deliciosa doçura de malte.

Bière de garde

DENSIDADE ORIGINAL 1065 **DENSIDADE FINAL ESPERADA** 1014 **ÁGUA TOTAL** 32 LITROS

APRONTE 23 LITROS

BOA PARA CONSUMO 7 SEMANAS

ABV ESTIMADO 7%

ÍNDICE DE AMARGOR 25 IBU

CLASSIFICAÇÃO DE COR 17,7 EBC

PARA A BRASSAGEM

ÁGUA 18,4 litros **TEMPO** 1h **TEMPERATURA** 65°C

Grãos do mosto	Quantidade
Malte pale	4 kg
Malte Viena	1,5 kg
Malte aromático	500 g
Malte biscuit	500 g

PARA A FERVURA

ÁGUA 27 litros **TEMPO** 1h10

Lúpulos	Quantidade	IBU	Quando adicionar
Brewers Gold 7%	33 g	22,9	No início da fervura
Tettnang 4,5%	25 g	2,1	Últimos 5 min de fervura
Tettnang 4,5%	25 g	-	Ao desligar
Outro			
Agente clarificante	1 colher (chá)		Últimos 15 min de fervura

PARA FERMENTAR

FERMENTAÇÃO 22°C **CONDICIONAMENTO** 6 semanas a 12°C

Levedura

Wyeast 3711 French saison

Tradicionalmente, cada mosteiro belga criava seu próprio estilo de cerveja de qualidade. A Abbey beer tem sabor maltado complexo, com notas alcoólicas picantes.

Abbey beer

DENSIDADE ORIGINAL 1060 **DENSIDADE FINAL ESPERADA** 1013 **ÁGUA TOTAL** 33 LITROS

APRONTE 23 LITROS | **BOA PARA CONSUMO** 7 SEMANAS | **ABV ESTIMADO** 6,4% | **ÍNDICE DE AMARGOR** 19,8 IBU | **CLASSIFICAÇÃO DE COR** 12,1 EBC

PARA A BRASSAGEM

ÁGUA 15 litros **TEMPO** 1h **TEMPERATURA** 65°C

Grãos do mosto	Quantidade
Malte pilsen belga	4,5 kg
Malte Viena	1 kg
Malte biscuit	500 g

PARA A FERVURA

ÁGUA 27 litros **TEMPO** 1h15

Lúpulos	Quantidade	IBU	Quando adicionar
Perle 8%	21 g	17,5	No início da fervura
Styrian Golding 5,5%	21 g	2,3	Últimos 5 min de fervura
Outro			
Agente clarificante	1 colher (chá)		Últimos 15 min de fervura

PARA FERMENTAR

FERMENTAÇÃO 22°C

CONDICIONAMENTO 6 semanas a 12°C

Levedura

Wyeast 1214 Belgian ale

Uma ale belga forte e cor de palha, com doçura maltada, complementada por um aroma picante levemente lupulado e um final seco de açúcar-cande.

Belgian blonde ale

DENSIDADE ORIGINAL 1070 **DENSIDADE FINAL ESPERADA** 1015 **ÁGUA TOTAL** 33,5 LITROS

APRONTE 23 LITROS
BOA PARA CONSUMO 8 SEMANAS
ABV ESTIMADO 7,4%
ÍNDICE DE AMARGOR 18 IBU
CLASSIFICAÇÃO DE COR 12,9 EBC

PARA A BRASSAGEM

ÁGUA 16,25 litros **TEMPO** 1h **TEMPERATURA** 65°C

Grãos do mosto	Quantidade
Malte pilsen	6 kg
Malte Cara Viena	250 g
Malte Caramunich I	250 g

PARA A FERVURA

ÁGUA 27 litros **TEMPO** 1h10

Lúpulos	Quantidade	IBU	Quando adicionar
East Kent Golding 5,5%	30 g	16,1	No início da fervura
Styrian Golding 5,5%	10 g	1,9	Últimos 10 min de fervura
Styrian Golding 5,5%	20 g	-	Ao desligar
Outros			
Agente clarificante	1 colher (chá)		Últimos 15 min de fervura
Açúcar-cande belga claro	300 g		Últimos 5 min de fervura

PARA FERMENTAR

FERMENTAÇÃO 22°C **CONDICIONAMENTO** 6 semanas a 12°C

Levedura
Wyeast 1388 Belgian strong

VERSÃO COM EXTRATO DE MALTE

Faça uma infusão de 250 g de **malte Cara Viena** e 250 g de malte **Caramunich I** em 27 litros de água a 65°C, por 30 minutos. Retire o malte, adicione 3,8 kg de **extrato de malte seco extraclaro**, leve à fervura e acrescente os lúpulos como especificado na receita principal.

A doçura complexa do malte combinada com o toque frutado faz desta clássica cerveja belga um deleite. É forte, de vermelho intenso e delicioso sabor picante.

Belgian dubbel

DENSIDADE ORIGINAL 1066 **DENSIDADE FINAL ESPERADA** 1014 **ÁGUA TOTAL** 33 LITROS

APRONTE 23 LITROS | **BOA PARA CONSUMO** 8 SEMANAS | **ABV ESTIMADO** 6,9% | **ÍNDICE DE AMARGOR** 20,2 IBU | **CLASSIFICAÇÃO DE COR** 29,2 EBC

PARA A BRASSAGEM

ÁGUA 15 litros **TEMPO** 1h **TEMPERATURA** 65°C

Grãos do mosto	Quantidade
Malte pilsen belga	5,3 kg
Malte Special B	400 g
Malte Caramunich I	300 g

PARA A FERVURA

ÁGUA 27 litros **TEMPO** 1h10

Lúpulos	Quantidade	IBU	Quando adicionar
Hallertauer Hersbrucker 3,5%	35 g	12,7	No início da fervura
Tettnang 4,5%	35 g	7,5	Últimos 15 min de fervura
Outros			
Agente clarificante	1 colher (chá)		Últimos 15 min de fervura
Açúcar-cande belga claro	400 g		Últimos 5 min de fervura

PARA FERMENTAR

FERMENTAÇÃO 22°C **CONDICIONAMENTO** 7 semanas a 12°C

Levedura

Wyeast 3944 Belgian witbier

VERSÃO COM EXTRATO DE MALTE

Faça uma infusão de 400 g de **malte Special B** e 300 g de **malte Caramunich I** em 27 litros de água a 65°C, por 30 minutos. Retire o malte, adicione 3,4 kg de **extrato de malte seco extraclaro**, leve à fervura e acrescente os lúpulos e os outros ingredientes como especificado na receita principal.

Com menos sabores complexos de malte que a dubbel, a tripel tem final áspero e adstringente. Embora muito alcoólica, não sobrecarrega o paladar.

Belgian tripel

DENSIDADE ORIGINAL 1080 **DENSIDADE FINAL ESPERADA** 1013 **ÁGUA TOTAL** 33,5 LITROS

APRONTE 23 LITROS
BOA PARA CONSUMO 12 SEMANAS
ABV ESTIMADO 9,1%
ÍNDICE DE AMARGOR 30,3 IBU
CLASSIFICAÇÃO DE COR 11,4 EBC

PARA A BRASSAGEM

ÁGUA 16,3 litros **TEMPO** 1h **TEMPERATURA** 65°C

Grãos do mosto	Quantidade
Malte pilsen belga	6,3 kg
Malte Caramunich I	250 g

PARA A FERVURA

ÁGUA 27 litros **TEMPO** 1h10

Lúpulos	Quantidade	IBU	Quando adicionar
Saaz 4,2%	50 g	18,6	No início da fervura
Styrian Golding 5,5%	50 g	11,7	Últimos 15 min de fervura
Outros			
Agente clarificante	1 colher (chá)		Últimos 15 min de fervura
Açúcar-cande belga claro	1 kg		Últimos 5 min de fervura

PARA FERMENTAR

FERMENTAÇÃO 24°C **CONDICIONAMENTO** 11 semanas a 12°C

Levedura

Wyeast 1388 Belgian strong ale

VERSÃO COM EXTRATO DE MALTE

Faça uma infusão de 250 g de **malte Caramunich I** em 27 litros de água a 65°C, por 30 minutos. Retire o malte, adicione 4 kg de **extrato de malte seco extraclaro**, ferva e acrescente os lúpulos e os outros ingredientes como especificado na receita principal.

Criado pela cervejaria Moortgat, na Bélgica, no fim da Primeira Guerra, este tipo é similar à tripel *(p. 157)*, só que mais claro, menos maltado e com final levemente amargo.

Belgian strong golden ale

DENSIDADE ORIGINAL 1072 **DENSIDADE FINAL ESPERADA** 1012 **ÁGUA TOTAL** 33 LITROS

APRONTE 23 LITROS | **BOA PARA CONSUMO** 8 SEMANAS | **ABV ESTIMADO** 7,9% | **ÍNDICE DE AMARGOR** 30,3 IBU | **CLASSIFICAÇÃO DE COR** 10 EBC

PARA A BRASSAGEM

ÁGUA 15 litros **TEMPO** 1h **TEMPERATURA** 65°C

Grãos do mosto	Quantidade
Malte pilsen belga	5,6 kg
Malte Carapils	450 g
Malte aromático	300 g

PARA A FERVURA

ÁGUA 27 litros **TEMPO** 1h10

Lúpulos	Quantidade	IBU	Quando adicionar
Saaz 4,2%	47 g	18,6	No início da fervura
Tettnang 4,5%	58 g	11,7	Últimos 15 min de fervura
Outros			
Agente clarificante	1 colher (chá)		Últimos 15 min de fervura
Açúcar-cande belga claro	750 g		Últimos 5 min de fervura

PARA FERMENTAR

FERMENTAÇÃO 24°C **CONDICIONAMENTO** 7 semanas a 12°C

Levedura

Wyeast 1762 Belgian Abbey II

VERSÃO COM EXTRATO DE MALTE

Faça uma infusão de 450 g de **malte Carapils** em 27 litros de água a 65°C, por 30 minutos. Retire o malte, adicione 3,6 kg de **extrato de malte seco extraclaro**, leve à fervura e acrescente os lúpulos como especificado na receita principal.

Mais forte e clara e menos doce do que sua similar do sul, a Northern brown ale tem caráter amendoado, de chocolate, com final lupulado moderado.

Northern brown ale

DENSIDADE ORIGINAL 1052 **DENSIDADE FINAL ESPERADA** 1013 **ÁGUA TOTAL** 32,5 LITROS

APRONTE 23 LITROS | **BOA PARA CONSUMO** 6 SEMANAS | **ABV ESTIMADO** 5,1 % | **ÍNDICE DE AMARGOR** 25,7 IBU | **CLASSIFICAÇÃO DE COR** 27,2 EBC

PARA A BRASSAGEM

ÁGUA 13 litros **TEMPO** 1h **TEMPERATURA** 65°C

Grãos do mosto	Quantidade
Malte pale	4,8 kg
Malte cristal	250 g
Malte chocolate	100 g

PARA A FERVURA

ÁGUA 27 litros **TEMPO** 1h10

Lúpulos	Quantidade	IBU	Quando adicionar
Admiral 14,5%	16 g	25,7	No início da fervura
Challenger 7%	16 g	-	Ao desligar
Outro			
Agente clarificante	1 colher (chá)		Últimos 15 min de fervura

PARA FERMENTAR

FERMENTAÇÃO 20°C
CONDICIONAMENTO 5 semanas a 12°C

Levedura
Wyeast 1098 English ale

VERSÃO COM EXTRATO DE MALTE

Faça uma infusão de 250 g de **malte cristal** e 100 g de **malte chocolate** em 27 litros de água a 65°C, por 30 minutos. Retire o malte, adicione 3,3 kg de **extrato de malte seco claro**, ferva e acrescente os lúpulos como especificado na receita principal.

Conhecido também como London ale, este estilo surgiu no início do século XX, como alternativa à porter mild. De teor alcoólico moderado, tem final doce e maltado.

BEBA LOGO!

Southern brown ale

DENSIDADE ORIGINAL 1041 **DENSIDADE FINAL ESPERADA** 1012 **ÁGUA TOTAL** 31 LITROS

APRONTE 23 LITROS

BOA PARA CONSUMO 4 SEMANAS

ABV ESTIMADO 3,8%

ÍNDICE DE AMARGOR 17,4 IBU

CLASSIFICAÇÃO DE COR 37,6 EBC

PARA A BRASSAGEM

ÁGUA 10 litros **TEMPO** 1h **TEMPERATURA** 65°C

Grãos do mosto	Quantidade
Malte pale	3,5 kg
Malte dark cristal	300 g
Malte chocolate	110 g
Trigo não maltado	100 g
Malte preto	55 g

PARA A FERVURA

ÁGUA 27 litros **TEMPO** 1h10

Lúpulo	Quantidade	IBU	Quando adicionar
Fuggle 4,5%	24 g	12,9	No início da fervura
Fuggle 4,5%	24 g	4,5	Últimos 10 min de fervura
Outro			
Agente clarificante	1 colher (chá)		Últimos 15 min de fervura

PARA FERMENTAR

FERMENTAÇÃO 22°C **CONDICIONAMENTO** 3 semanas a 12°C

Levedura

Wyeast 1187 Ringwood ale

VERSÃO COM EXTRATO DE MALTE

Faça uma infusão de 300 g de **malte dark crystal**, 110 g de **malte chocolate** e 55 g de **malte preto** em 27 litros de água a 65°C, por 30 minutos. Retire o malte, adicione 2,3 kg de **extrato de malte seco claro**, leve à fervura e acrescente o lúpulo como especificado na receita principal.

DICA DO CERVEJEIRO

Se preferir uma cerveja um pouco mais seca, use a levedura Wyeast 1099 Whitbread ale no lugar da Ringwood.

Escura e forte, com sabores frutados da glicose de milho que lembram xerez, esta cerveja especial requer uma longa maturação para evoluir.

Old ale

DENSIDADE ORIGINAL 1079 **DENSIDADE FINAL ESPERADA** 1014 **ÁGUA TOTAL** 34 LITROS

APRONTE 23 LITROS

BOA PARA CONSUMO 12 SEMANAS

ABV ESTIMADO 8,7%

ÍNDICE DE AMARGOR 55 IBU

CLASSIFICAÇÃO DE COR 32,6 EBC

PARA A BRASSAGEM

ÁGUA 16,75 litros **TEMPO** 1h **TEMPERATURA** 68°C

Grãos do mosto	Quantidade
Malte pale	4,5 kg
Malte Munique	1,8 kg
Malte dark cristal	300 g
Malte chocolate	100 g

PARA A FERVURA

ÁGUA 27 litros **TEMPO** 1h10

Lúpulo	Quantidade	IBU	Quando adicionar
Golding 5,5%	76 g	40,5	No início da fervura
Golding 5,5%	76 g	14,5	Últimos 10 min de fervura
Outros			
Agente clarificante	1 colher (chá)		Últimos 15 min de fervura
Glicose de milho	650 g		Últimos 5 min de fervura

PARA FERMENTAR

FERMENTAÇÃO 20°C **CONDICIONAMENTO** 11 semanas a 12°C

Levedura

Wyeast 1028 English ale

DICA DO CERVEJEIRO

Para dar à cerveja um toque especial, coloque um pouco de especiarias no fermentador. Canela, noz-moscada e cravo combinam muito bem.

De estilo britânico tradicional, esta dark ale tem teor alcoólico relativamente baixo, com sabores de malte frutado, toque de chocolate e final seco e lupulado.

Mild

DENSIDADE ORIGINAL 1036 **DENSIDADE FINAL ESPERADA** 1011 **ÁGUA TOTAL** 30 LITROS

APRONTE 23 LITROS | **BOA PARA CONSUMO** 4 SEMANAS | **ABV ESTIMADO** 3,3% | **ÍNDICE DE AMARGOR** 21,2 IBU | **CLASSIFICAÇÃO DE COR** 33,5 EBC

PARA A BRASSAGEM

ÁGUA 9 litros **TEMPO** 1h **TEMPERATURA** 68°C

Grãos do mosto	Quantidade
Malte mild ale	3 kg
Malte dark cristal	500 g
Malte chocolate	100 g

PARA A FERVURA

ÁGUA 27 litros **TEMPO** 1h10

Lúpulos	Quantidade	IBU	Quando adicionar
Northdown 8%	20 g	19,7	No início da fervura
Bramling Cross 6%	10 g	1,5	Últimos 5 min de fervura
Outro			
Agente clarificante	1 colher (chá)		Últimos 15 min de fervura

PARA FERMENTAR

FERMENTAÇÃO 20°C
CONDICIONAMENTO 3 semanas a 12°C

Levedura
Wyeast 1318 London ale III

VERSÃO COM EXTRATO DE MALTE

Faça uma infusão de 500 g de **malte dark cristal** e 100 g de **malte chocolate** em 27 litros de água a 65°C, por 30 minutos. Retire o malte, adicione 1,9 kg de **extrato de malte seco claro**, leve à fervura e acrescente os lúpulos como especificado na receita principal.

Esta ale forte e escura tem deliciosos toques maltados e de chocolate, equilibrados por um amargor leve de lúpulo. É perfeita para acompanhar bife e batatas fritas.

Ruby mild

DENSIDADE ORIGINAL 1049 **DENSIDADE FINAL ESPERADA** 1014 **ÁGUA TOTAL** 32 LITROS

APRONTE 23 LITROS

BOA PARA CONSUMO 8 SEMANAS

ABV ESTIMADO 4,6%

ÍNDICE DE AMARGOR 18,1 IBU

CLASSIFICAÇÃO DE COR 31,6 EBC

PARA A BRASSAGEM

ÁGUA 12,3 litros **TEMPO** 1h **TEMPERATURA** 66°C

Grãos do mosto	Quantidade
Malte pale	4,5 kg
Malte cristal	150 g
Malte chocolate	150 g
Trigo não maltado	125 g

PARA A FERVURA

ÁGUA 27 litros **TEMPO** 1h10

Lúpulo	Quantidade	IBU	Quando adicionar
Golding 5,5%	30 g	18,1	No início da fervura
Golding 5,5%	15 g	-	Ao desligar
Outro			
Agente clarificante	1 colher (chá)		Últimos 15 min de fervura

PARA FERMENTAR

FERMENTAÇÃO 22°C **CONDICIONAMENTO** pelo menos 4 semanas a 12°C

Levedura

Wyeast 1187 Ringwood ale

VERSÃO COM EXTRATO DE MALTE

Faça uma infusão de 150 g de **malte cristal** e 150 g de **malte chocolate** em 27 litros de água a 65°C, por 30 minutos. Retire o malte, adicione 2,9 kg de **extrato de malte seco claro**, ferva e acrescente o lúpulo como especificado na receita principal.

Uma das cervejas mais fortes já produzidas, a English barley wine tem sabor maltado e complexo, semelhante ao do xerez, com amargor lupulado no final.

English barley wine

DENSIDADE ORIGINAL 1090 **DENSIDADE FINAL ESPERADA** 1019 **ÁGUA TOTAL** 35,5 LITROS

APRONTE 23 LITROS
BOA PARA CONSUMO 15 SEMANAS
ABV ESTIMADO 9,6%
ÍNDICE DE AMARGOR 50 IBU
CLASSIFICAÇÃO DE COR 27,3 EBC

PARA A BRASSAGEM

ÁGUA 21 litros **TEMPO** 1h **TEMPERATURA** 67°C

Grãos do mosto	Quantidade
Malte pale	7,2 kg
Malte dark cristal	300 g
Malte Carapils	800 g

PARA A FERVURA

ÁGUA 27 litros **TEMPO** 1h30

Lúpulos	Quantidade	IBU	Quando adicionar
Northdown 8%	71 g	50	No início da fervura
East Kent Golding 5,5%	14 g	-	Ao desligar
Target 10,5%	14 g	-	Ao desligar
Outros			
Agente clarificante	1 colher (chá)		Últimos 15 min de fervura
Mel	500 g		Últimos 5 min de fervura

PARA FERMENTAR

FERMENTAÇÃO 22°C **CONDICIONAMENTO** 14 semanas a 12°C

Levedura
Wyeast 1028 English ale

DICA DO CERVEJEIRO

Se o tonel de brassagem não for grande o suficiente para todos os ingredientes do mosto, reduza o malte pale para 5 kg e adicione 1,3 kg de extrato de malte seco à fervura.

VERSÃO COM EXTRATO DE MALTE

Faça uma infusão de 300 g de **malte dark cristal** e 800 g de **malte Carapils** em 27 litros de água a 65°C, por 30 minutos. Retire o malte, adicione 4,5 kg de **extrato de malte seco claro**, ferva e acrescente os lúpulos como especificado na receita principal.

Bem mais lupulada do que sua similar inglesa, a American barley wine é uma cerveja forte e intensa, com sabor residual agridoce e aroma cítrico robusto.

American barley wine

DENSIDADE ORIGINAL 1105 **DENSIDADE FINAL ESPERADA** 1024 **ÁGUA TOTAL** 37,5 LITROS

APRONTE 23 LITROS | **BOA PARA CONSUMO** 15 SEMANAS | **ABV ESTIMADO** 10,9% | **ÍNDICE DE AMARGOR** 66 IBU | **CLASSIFICAÇÃO DE COR** 25,4 EBC

PARA A BRASSAGEM

ÁGUA 26 litros **TEMPO** 1h **TEMPERATURA** 67°C

Grãos do mosto	Quantidade
Malte pale	10 kg
Malte cristal	400 g
Malte Carafa III especial	30 g

PARA A FERVURA

ÁGUA 27 litros **TEMPO** 1h10

Lúpulos	Quantidade	IBU	Quando adicionar
Chinook 13,3%	71 g	61,7	No início da fervura
Cascade 6,6%	26 g	4,3	Últimos 10 min de fervura
Cascade 6,6%	100 g	-	Ao desligar
Outro			
Agente clarificante	1 colher (chá)		Últimos 15 min de fervura

PARA FERMENTAR

FERMENTAÇÃO 4 dias a 18°C, então a 22°C até o final
CONDICIONAMENTO 13 semanas a 12°C

Levedura
Wyeast 1056 American ale

DICA DO CERVEJEIRO

Essa cerveja é forte, para ser saboreada com moderação. Então, considere cortar os pesos e volumes da receita pela metade, para produzir meio lote.

VERSÃO COM EXTRATO DE MALTE

Faça uma infusão de 400 g de **malte cristal** e 30 g de **malte Carafa III especial** em 27 litros de água a 65°C, por 30 minutos. Retire o malte, adicione 6,3 kg de **extrato de malte seco claro**, ferva e acrescente os lúpulos como especificado na receita principal.

Uma cerveja macia e doce com sabor de caramelo, tem mais corpo e sabores torrados do que uma brown ale, além de um delicioso toque residual de chocolate.

Brown porter

DENSIDADE ORIGINAL 1049 **DENSIDADE FINAL ESPERADA** 1012 **ÁGUA TOTAL** 32 LITROS

APRONTE 23 LITROS | **BOA PARA CONSUMO** 5 SEMANAS | **ABV ESTIMADO** 4,9% | **ÍNDICE DE AMARGOR** 30,3 IBU | **CLASSIFICAÇÃO DE COR** 45 EBC

PARA A BRASSAGEM

ÁGUA 12,5 litros **TEMPO** 1h **TEMPERATURA** 67°C

Grãos do mosto	Quantidade
Malte pale	4 kg
Malte dark cristal	350 g
Malte chocolate	200 g
Malte marrom	300 g

PARA A FERVURA

ÁGUA 27 litros **TEMPO** 1h10

Lúpulo	Quantidade	IBU	Quando adicionar
First Gold 8%	31 g	27,6	No início da fervura
First Gold 8%	15 g	2,7	Últimos 10 min de fervura

Outro		Quando adicionar
Agente clarificante	1 colher (chá)	Últimos 15 min de fervura

PARA FERMENTAR

FERMENTAÇÃO 18°C **CONDICIONAMENTO** 4 semanas a 12°C

Levedura

Wyeast 1028 London ale

VERSÃO COM EXTRATO DE MALTE

Faça uma infusão de 350 g de **malte dark cristal**, 200 g de **malte chocolate** e 300 g de **malte marrom** em 27 litros de água a 65°C, por 30 minutos. Retire o malte, adicione 2,5 kg de **extrato de malte seco claro**, leve à fervura e acrescente o lúpulo como especificado na receita principal.

O gosto de malte defumado combina perfeitamente com o delicado sabor de frutas vermelhas nesta irresistível ale de inverno castanho-avermelhada.

Smoked porter

DENSIDADE ORIGINAL 1054 **DENSIDADE FINAL ESPERADA** 1016 **ÁGUA TOTAL** 33 LITROS

APRONTE 23 LITROS

BOA PARA CONSUMO 6 SEMANAS

ABV ESTIMADO 5,1%

ÍNDICE DE AMARGOR 28 IBU

CLASSIFICAÇÃO DE COR 49,6 EBC

PARA A BRASSAGEM

ÁGUA 14,75 litros **TEMPO** 1h **TEMPERATURA** 65°C

Grãos do mosto	Quantidade
Malte pale	4,5 kg
Malte defumado	700 g
Malte preto	300 g
Malte cristal	200 g
Malte Caramunich I	200 g

PARA A FERVURA

ÁGUA 27 litros **TEMPO** 1h15

Lúpulos	Quantidade	IBU	Quando adicionar
Challenger 7%	35 g	23,8	No início da fervura
Willamette 6,3%	20 g	4,2	Últimos 10 min de fervura
Willamette 6,3%	20 g	-	Ao desligar
Outro			
Agente clarificante	1 colher (chá)		Últimos 15 min de fervura

PARA FERMENTAR

FERMENTAÇÃO 18°C **CONDICIONAMENTO** 5 semanas a 12°C

Levedura

Wyeast 1187 Ringwood ale

DICA DO CERVEJEIRO

Para salientar a defumação, adicione 100 g de chips de carvalho ao fermentador depois de 4 dias.

Cerveja forte, com sabores frutados complexos e final macio e limpo. Como o nome indica, esta porter tem origem nos países do mar Báltico.

Baltic porter

DENSIDADE ORIGINAL 1080 **DENSIDADE FINAL ESPERADA** 1019 **ÁGUA TOTAL** 35 LITROS

APRONTE 23 LITROS | **BOA PARA CONSUMO** 12 SEMANAS | **ABV ESTIMADO** 8,2% | **ÍNDICE DE AMARGOR** 30 IBU | **CLASSIFICAÇÃO DE COR** 56,3 EBC

PARA A BRASSAGEM

ÁGUA 19,2 litros **TEMPO** 1h **TEMPERATURA** 67°C

Grãos do mosto	Quantidade
Malte Munique	7 kg
Malte âmbar	300 g
Malte Carafa III especial	286 g
Malte biscuit	200 g
Malte chocolate	300 g
Malte Caramunich I	100 g

PARA A FERVURA

ÁGUA 27 litros **TEMPO** 1h10

Lúpulo	Quantidade	IBU	Quando adicionar
Saaz 4,2%	74 g	27,4	No início da fervura
Saaz 4,2%	15 g	2,6	Últimos 15 min de fervura
Outro			
Agente clarificante	1 colher (chá)		Últimos 15 min de fervura

PARA FERMENTAR

FERMENTAÇÃO 12°C **CONDICIONAMENTO** mais que 11 semanas a 12°C

Levedura

Wyeast 2633 Oktoberfest lager blend

DICA DO CERVEJEIRO

Essa cerveja envelhece muito bem – engarrafe-a e espere o maior tempo possível, para uma produção de qualidade superior.

Esta é uma ale encorpada, escura e complexa, com final seco. É de estilo semelhante ao da brown porter *(p. 169)*, mas se distingue graças à adição de mel.

Honey porter

DENSIDADE ORIGINAL 1048 **DENSIDADE FINAL ESPERADA** 1009 **ÁGUA TOTAL** 32 LITROS

APRONTE 23 LITROS

BOA PARA CONSUMO 6 SEMANAS

ABV ESTIMADO 5,2%

ÍNDICE DE AMARGOR 15,1 IBU

CLASSIFICAÇÃO DE COR 50,3 EBC

PARA A BRASSAGEM

ÁGUA 10,5 litros **TEMPO** 1h **TEMPERATURA** 65°C

Grãos do mosto	Quantidade
Malte pale	3 kg
Malte cristal claro	500 g
Malte Viena	400 g
Malte Carafa III especial	200 g
Malte chocolate	100 g

PARA A FERVURA

ÁGUA 27 litros **TEMPO** 1h10

Lúpulos	Quantidade	IBU	Quando adicionar
Fuggle 4,5%	23 g	10,8	No início da fervura
Challenger 7%	15 g	4,3	Últimos 10 min de fervura
Wakatu 6,6%	16 g	-	Ao desligar
Outros			
Agente clarificante	1 colher (chá)		Últimos 15 min de fervura
Mel	500 g		Últimos 5 min de fervura

PARA FERMENTAR

FERMENTAÇÃO 18°C **CONDICIONAMENTO** 5 semanas a 12°C

Levedura

Wyeast 1272 American ale II

Esta stout irlandesa foi criada para competir com as porters londrinas. Mais cremosa e encorpada do que uma porter, é uma cerveja substanciosa e clássica.

Dry stout

DENSIDADE ORIGINAL 1048 **DENSIDADE FINAL ESPERADA** 1013 **ÁGUA TOTAL** 32 LITROS

APRONTE 23 LITROS | **BOA PARA CONSUMO** 5 SEMANAS | **ABV ESTIMADO** 4,7% | **ÍNDICE DE AMARGOR** 37,9 IBU | **CLASSIFICAÇÃO DE COR** 76,7 EBC

PARA A BRASSAGEM

ÁGUA 12 litros **TEMPO** 1h **TEMPERATURA** 67°C

Grãos do mosto	Quantidade
Malte pale	3,8 kg
Cevada em flocos	500 g
Cevada torrada	450 g
Malte chocolate	100 g

PARA A FERVURA

ÁGUA 27 litros **TEMPO** 1h10

Lúpulo	Quantidade	IBU	Quando adicionar
East Kent Golding 5,5%	61 g	37,9	No início da fervura
Outro			
Agente clarificante	1 colher (chá)		Últimos 15 min de fervura

PARA FERMENTAR

FERMENTAÇÃO 18°C
CONDICIONAMENTO 4 semanas a 12°C

Levedura
Wyeast 1084 Irish ale

Com textura macia irresistível e sabor de chocolate torrado, esta é uma cerveja deliciosa para saborear principalmente nos meses de inverno.

Oatmeal stout

DENSIDADE ORIGINAL 1049 **DENSIDADE FINAL ESPERADA** 1014 **ÁGUA TOTAL** 32 LITROS

APRONTE 23 LITROS **BOA PARA CONSUMO** 5 SEMANAS **ABV ESTIMADO** 4,6% **ÍNDICE DE AMARGOR** 30,3 IBU **CLASSIFICAÇÃO DE COR** 43,9 EBC

PARA A BRASSAGEM

ÁGUA 12,2 litros **TEMPO** 1h **TEMPERATURA** 67°C

Grãos do mosto	Quantidade
Malte pale	4,2 kg
Aveia em flocos	250 g
Malte cristal	200 g
Malte chocolate	160 g
Cevada torrada	70 g

PARA A FERVURA

ÁGUA 27 litros **TEMPO** 1h10

Lúpulos	Quantidade	IBU	Quando adicionar
Challenger 7%	39 g	30,3	No início da fervura
Challenger 7%	16 g	-	Ao desligar
Golding 5,5%	16 g	-	Ao desligar
Outro			
Agente clarificante	1 colher (chá)		Últimos 15 min de fervura

PARA FERMENTAR

FERMENTAÇÃO 20°C **CONDICIONAMENTO** 4 semanas a 12°C

Levedura

Wyeast 1187 Ringwood ale

DICA DO CERVEJEIRO

Tome cuidado para não colocar mais oxigênio (por exemplo, do jorro) ao engarrafar a cerveja – a adição de aveia torna-a suscetível a ficar choca.

Os sabores de chocolate e café torrado complementam os aromas cítricos leves nesta stout de estilo norte-americano. Use café moído na hora, para melhores resultados.

Coffee stout

DENSIDADE ORIGINAL 1058 **DENSIDADE FINAL ESPERADA** 1015 **ÁGUA TOTAL** 33 LITROS

APRONTE 23 LITROS · **BOA PARA CONSUMO** 6 SEMANAS · **ABV ESTIMADO** 5,7% · **ÍNDICE DE AMARGOR** 40,6 IBU · **CLASSIFICAÇÃO DE COR** 79,2 EBC

PARA A BRASSAGEM

ÁGUA 14,6 litros **TEMPO** 1h **TEMPERATURA** 67°C

Grãos do mosto	Quantidade
Malte pale	5 kg
Malte de cevada torrado	250 g
Malte Carafa I especial	250 g
Malte cristal claro	200 g
Malte Caramunich I	200 g
Malte chocolate	150 g

PARA A FERVURA

ÁGUA 27 litros **TEMPO** 1h15

Lúpulos	Quantidade	IBU	Quando adicionar
Magnum 16%	21 g	35,5	No início da fervura
Cascade 6,6%	21 g	5,1	Últimos 10 min de fervura
Cascade 6,6%	21 g	-	Ao desligar

Outro	Quantidade	Quando adicionar
Agente clarificante	1 colher (chá)	Últimos 15 min de fervura

PARA FERMENTAR

FERMENTAÇÃO 18°C **CONDICIONAMENTO** 5 semanas a 12°C

Levedura

Wyeast 1084 Irish ale

Outro	Quantidade	Quando adicionar
Café fresco	500 ml	Após 4 dias

Sabores e aromas cítricos fortes complementam com perfeição o sabor torrado e amargo de malte nesta versão norte-americana das stouts inglesas e irlandesas.

American stout

DENSIDADE ORIGINAL 1060 **DENSIDADE FINAL ESPERADA** 1010 **ÁGUA TOTAL** 33 LITROS

APRONTE 23 LITROS | **BOA PARA CONSUMO** 8 SEMANAS | **ABV ESTIMADO** 6,2% | **ÍNDICE DE AMARGOR** 39,9 IBU | **CLASSIFICAÇÃO DE COR** 76,7 EBC

PARA A BRASSAGEM

ÁGUA 15 litros **TEMPO** 1h **TEMPERATURA** 65°C

Grãos do mosto	Quantidade
Malte pale	3 kg
Malte Munique	2 kg
Malte preto	500 g
Malte cristal	500 g

PARA A FERVURA

ÁGUA 27 litros **TEMPO** 1h15

Lúpulos	Quantidade	IBU	Quando adicionar
Chinook 13,3%	28 g	38,1	No início da fervura
Amarillo 5%	10 g	1,8	Últimos 10 min de fervura
Amarillo 5%	50 g	-	Ao desligar
Outro			
Agente clarificante	1 colher (chá)		Últimos 15 min de fervura

PARA FERMENTAR

FERMENTAÇÃO 18°C **CONDICIONAMENTO** 7 semanas a 12°C

Levedura

White Labs WLP001 California ale

A milk stout era feita adicionando leite à porter, para servir aos operários na hora do almoço. É uma cerveja macia e sedosa, com toques de chocolate e café.

Milk stout

DENSIDADE ORIGINAL 1059 **DENSIDADE FINAL ESPERADA** 1018 **ÁGUA TOTAL** 32,5 LITROS

APRONTE 23 LITROS | **BOA PARA CONSUMO** 5 SEMANAS | **ABV ESTIMADO** 5,2% | **ÍNDICE DE AMARGOR** 25 IBU | **CLASSIFICAÇÃO DE COR** 63,6 EBC

PARA A BRASSAGEM

ÁGUA 13,5 litros **TEMPO** 1h **TEMPERATURA** 67°C

Grãos do mosto	Quantidade
Malte pale	4,2 kg
Malte chocolate	300 g
Malte cristal	300 g
Cevada torrada	200 g
Cevada em flocos	200 g
Malte Special B	200 g

PARA A FERVURA

ÁGUA 27 litros **TEMPO** 1h15

Lúpulos	Quantidade	IBU	Quando adicionar
Challenger 7%	29 g	21,7	No início da fervura
Golding 5,5%	11g	3,3	Últimos 15 min de fervura
Outros			
Agente clarificante	1 colher (chá)		Últimos 15 min de fervura
Lactose	300 g		Últimos 10 min de fervura

PARA FERMENTAR

FERMENTAÇÃO 20°C **CONDICIONAMENTO** 4 semanas a 12°C

Levedura

Wyeast 1318 London ale III

DICA DO CERVEJEIRO

A lactose é um açúcar não fermentável, então aumente a quantidade se preferir uma cerveja mais doce.

Originalmente produzida na Inglaterra para as cortes dos czares russos, esta cerveja tem taxas de álcool e lúpulo que a preservam e evitam o congelamento.

Russian imperial stout

DENSIDADE ORIGINAL 1080 **DENSIDADE FINAL ESPERADA** 1019 **ÁGUA TOTAL** 35 LITROS

APRONTE 23 LITROS **BOA PARA CONSUMO** 16 SEMANAS **ABV ESTIMADO** 8,2% **ÍNDICE DE AMARGOR** 60,1 IBU **CLASSIFICAÇÃO DE COR** 76,3 EBC

PARA A BRASSAGEM

ÁGUA 20 litros **TEMPO** 1h **TEMPERATURA** 65°C

Grãos do mosto	Quantidade
Malte pale	7 kg
Malte cristal	500 g
Cevada torrada	200 g
Malte chocolate	150 g
Malte Carafa III especial	150 g

PARA A FERVURA

ÁGUA 27 litros **TEMPO** 1h15

Lúpulos	Quantidade	IBU	Quando adicionar
Challenger 7%	61 g	37,9	No início da fervura
Golding 5,5%	61 g	22,2	Últimos 30 min de fervura
Outro			
Agente clarificante	1 colher (chá)		Últimos 15 min de fervura

PARA FERMENTAR

FERMENTAÇÃO 20°C **CONDICIONAMENTO** 15 semanas a 12°C

Levedura

Wyeast 1028 London ale

VERSÃO COM EXTRATO DE MALTE

Faça uma infusão de 500 g de **malte cristal**, 200 g de **cevada torrada**, 150 g de malte chocolate e 150 g de **malte Carafa III especial** em 27 litros de água a 65°C, por 30 minutos. Retire o malte, adicione 4,4 kg de **extrato de malte seco claro**, ferva e acrescente os lúpulos como especificado na receita principal.

Esta cerveja deliciosa combina maltagem escura, aroma sutil de baunilha e final doce de bourbon. Faça com antecedência e deixe maturar por um bom tempo.

Vanilla bourbon stout

DENSIDADE ORIGINAL 1070 **DENSIDADE FINAL ESPERADA** 1017 **ÁGUA TOTAL** 34 LITROS

APRONTE 23 LITROS

BOA PARA CONSUMO 16 SEMANAS

ABV ESTIMADO 7,8%

ÍNDICE DE AMARGOR 30,2 IBU

CLASSIFICAÇÃO DE COR 58,6 EBC

PARA A BRASSAGEM

ÁGUA 17,5 litros **TEMPO** 1h **TEMPERATURA** 65°C

Grãos do mosto	Quantidade
Malte pale	4,9 kg
Malte Viena	1,1 kg
Malte marrom	500 g
Malte chocolate	350 g
Malte cristal	200 g

PARA A FERVURA

ÁGUA 27 litros **TEMPO** 1h15

Lúpulos	Quantidade	IBU	Quando adicionar
Northern Brewer 8%	35 g	26,6	No início da fervura
Challenger 7%	16 g	3,6	Últimos 10 min de fervura
Outro			
Agente clarificante	1 colher (chá)		Últimos 15 min de fervura

PARA FERMENTAR

FERMENTAÇÃO 20°C **CONDICIONAMENTO** 15 semanas a 12°C

Levedura

Wyeast 1028 London ale

Outro	Quantidade	Quando adicionar
Favas de baunilha	2 unidades	Após 4 dias, deixe por cerca de 1 semana
Bourbon	400 ml	Logo antes de engarrafar

Cervejas de trigo

Largamente produzidas na Europa medieval, as cervejas de trigo – ou cervejas brancas – são feitas com grande proporção de trigo na cuba de brassagem.

O trigo constitui mais de 50% do total de grãos nesse estilo e é misturado com malte pale, resultando em uma cerveja turva, com caráter marcadamente seco – embora a maior parte dos sabores seja produzida por meio das cepas especiais de levedura empregadas.

LEVEDURA COLETADA DA SUPERFÍCIE

As leveduras para cervejas de trigo são as coletadas da superfície; ou seja, elas produzem uma espuma excepcionalmente alta durante a fermentação, já que todas emergem para a superfície do mosto. As temperaturas mais altas de fermentação resultam em componentes complexos de sabor e na produção de ésteres, o que seria visto normalmente como defeito em outros estilos de cerveja. Cravo e outras especiarias, baunilha, banana e aromas de tutti-frutti podem ser encontrados nessas deliciosas cervejas. As cervejas belgas de trigo, por exemplo, têm uma particularidade originária da adição da casca de laranja amarga e especiarias.

TURBIDADE CARACTERÍSTICA

A fermentação única e a técnica de servir dão a esse estilo sua característica peculiar. Normalmente servidas frias e bem carbonatadas, as cervejas de trigo são sempre acondicionadas em garrafas, para que se possa agitar o sedimento delicadamente na hora de servir, produzindo uma aparência turva.

Cervejas de trigo são fáceis de produzir em casa, graças a suas altas temperaturas de fermentação e ao amplo espectro de sabores aceitáveis. Também são programadas para ser bebidas jovens, tornando-as ideais para produções rápidas.

Weissbier

A Weissbier (cerveja branca) origina-se da Baviera. O nome se refere ao fato de que é mais clara do que outras ales da região.

Aparência Palha a dourado-escuro; espuma alta, duradoura. Muitas vezes servida turva.

Paladar Amargor relativamente baixo; muitas vezes apresenta notas de cravo, banana e baunilha.

Aroma Leve aroma de lúpulo com características cítricas e de banana e cravo, sem exagero.

Concentração 4,3-5,6% ABV

AL Há diversos estilos de Weissbier, a maioria proveniente da Alemanha. A Hefeweizen não é filtrada, é turva e tem pouco amargor de lúpulo. Já a Kristallweizen é filtrada, para aumentar a transparência.

pp. 184-7

Cerveja com centeio

A utilização do centeio no mosto acrescenta um sabor picante.

Aparência Dourado, muitas vezes com turbidez laranja ou avermelhada; colarinho denso, duradouro.

Paladar Granuloso, com sabor picante de centeio, parecido com o que há no pão preto ou de centeio.

Aroma Aroma picante de centeio, às vezes com notas de cravo e banana, do processo de fermentação.

Concentração 4,5-6% ABV

(AL) Levedos de trigo fermentados em temperaturas mais baixas dão característica complexa de banana e cravo às cervejas de centeio alemãs.

(EUA) As cervejas norte-americanas de centeio são mais fortes e lupuladas. Os sabores picantes do centeio se completam com o lúpulo e a levedura.

pp. 188-9

Witbier

Esse estilo antigo, quase desaparecido, foi popularizado por Pierre Celis em Hoegaarden. Picante, tem nível médio de álcool.

Aparência Palha bem claro; deve ser sempre servida turva, com colarinho denso e duradouro.

Paladar Refrescantemente vivaz, ácida e picante, com traços de laranja e leve aroma e amargor de lúpulo.

Aroma O uso de lúpulo floral e sementes de coentro confere aroma sutil e distinto.

Concentração 4,5-5,5% ABV

(BE) As witbiers belgas em geral são condimentadas com semente de coentro, casca de laranja e temperos.

pp. 190-1

Cerveja de trigo escura

Bem escura, com toques mais complexos de malte do que os de outras cervejas de trigo.

Aparência Âmbar a marrom-escuro; colarinho creme e duradouro; deve ser servida turva e bem carbonatada.

Paladar Sabores de banana e cravo estão presentes, mas tendem a ser dominados pelas notas doces de caramelo dos maltes tostados.

Aroma Cravo e banana, moderados, com notas baixas de lúpulo nobre.

Concentração 4,3-5,6% ABV

(AL) O estilo alemão tem notas marcantes de banana e cravo, com sabores de malte. Ligeiramente lupulada com lúpulo nobre europeu.

(EUA) As norte-americanas são mais fortes. Aromas sutis de malte se complementam com o lúpulo cítrico e a levedura neutra.

pp. 192-3

BEBA LOGO!

Produzida originalmente em Munique, em 1907, esta cerveja de trigo forte, âmbar-escuro, tem sabor de cravo e colarinho castanho-claro duradouro.

Weizenbock

DENSIDADE ORIGINAL 1065 **DENSIDADE FINAL ESPERADA** 1016 **ÁGUA TOTAL** 33,5 LITROS

APRONTE 23 LITROS

BOA PARA CONSUMO 4 SEMANAS

ABV ESTIMADO 6,6%

ÍNDICE DE AMARGOR 19,8 IBU

CLASSIFICAÇÃO DE COR 28,3 EBC

PARA A BRASSAGEM

ÁGUA 16 litros **TEMPO** 1h **TEMPERATURA** 65°C

Grãos do mosto	Quantidade
Malte de trigo	3,6 kg
Malte Munique	2,4 kg
Malte Carawheat	250 g
Malte de trigo chocolate	120 g

PARA A FERVURA

ÁGUA 16 litros **TEMPO** 1h15

Lúpulo	Quantidade	IBU	Quando adicionar
Saaz 4,2%	48 g	19,8	No início da fervura
Outro			
Agente clarificante	1 colher (chá)		Últimos 15 min de fervura

PARA FERMENTAR

FERMENTAÇÃO 24°C **CONDICIONAMENTO** 3 semanas a 12°C

Levedura

Wyeast 3056 Bavarian trigo

Esta cerveja da Baviera de gosto peculiar é dominada pelos sabores de banana e tutti-frutti da levedura. Deve ser servida turva, para que os sedimentos subam.

BEBA LOGO!

Weissbier

DENSIDADE ORIGINAL 1050 **DENSIDADE FINAL ESPERADA** 1012 **ÁGUA TOTAL** 32 LITROS

APRONTE 23 LITROS **BOA PARA CONSUMO** 4 SEMANAS **ABV ESTIMADO** 5% **ÍNDICE DE AMARGOR** 15,3 IBU **CLASSIFICAÇÃO DE COR** 6,3 EBC

PARA A BRASSAGEM

ÁGUA 12,5 litros **TEMPO** 1h **TEMPERATURA** 65°C

Grãos do mosto	Quantidade
Malte de trigo	2,7 kg
Malte pilsen	2,3 kg

PARA A FERVURA

ÁGUA 27 litros **TEMPO** 1h10

Lúpulos	Quantidade	IBU	Quando adicionar
Hallertauer Hersbrucker 3,5%	25 g	9,6	No início da fervura
Saaz 4,2%	12 g	5,7	No início da fervura
Outro			
Agente clarificante	1 colher (chá)		Últimos 15 min de fervura

PARA FERMENTAR

FERMENTAÇÃO 22°C **CONDICIONAMENTO** 3 semanas a 12°C

Levedura
Wyeast 3068 Weihenstephan Weizen

VERSÃO COM EXTRATO DE MALTE

Adicione 3 kg de **extrato de malte de trigo seco** a 27 litros de água, leve à fervura e adicione os lúpulos como especificado na receita principal.

Esta cerveja turva e refrescante é imbuída de sabores e aromas cítricos exuberantes, transmitidos pelos lúpulos e pela levedura da América do Norte.

BEBA LOGO!

American wheat beer

DENSIDADE ORIGINAL 1058 **DENSIDADE FINAL ESPERADA** 1013 **ÁGUA TOTAL** 33 LITROS

APRONTE 23 LITROS | **BOA PARA CONSUMO** 4 SEMANAS | **ABV ESTIMADO** 5,9% | **ÍNDICE DE AMARGOR** 25 IBU | **CLASSIFICAÇÃO DE COR** 9,1 EBC

PARA A BRASSAGEM

ÁGUA 14,5 litros **TEMPO** 1h **TEMPERATURA** 65°C

Grãos do mosto	Quantidade
Malte de trigo	3 kg
Malte lager	2,5 kg
Malte Carapils	300 g

PARA A FERVURA

ÁGUA 27 litros **TEMPO** 1h10

Lúpulo	Quantidade	IBU	Quando adicionar
Citra 13,8%	17 g	25	No início da fervura
Citra 13,8%	26 g	-	Ao desligar
Outro			
Agente clarificante	1 colher (chá)		Últimos 15 min de fervura

PARA FERMENTAR

FERMENTAÇÃO 18°C **CONDICIONAMENTO** 3 semanas a 12°C

Levedura

Wyeast 1010 American wheat

DICA DO CERVEJEIRO

Para aumentar os sabores frutados da levedura, tente fermentar a cerveja em temperatura mais alta, a 22°C.

VERSÃO COM EXTRATO DE MALTE

Faça uma infusão de 300 g de **malte Carapils** em 27 litros de água a 65°C, por 30 minutos. Retire o malte, adicione 3,3 kg de **extrato de malte de trigo seco**, leve à fervura e acrescente os lúpulos como especificado na receita principal.

BEBA LOGO!

Originária da Baviera, esta cerveja incomum combina o sabor forte e picante do malte de centeio com as notas complexas de maçã, pera e banana da levedura.

Roggenbier

DENSIDADE ORIGINAL 1051 **DENSIDADE FINAL ESPERADA** 1013 **ÁGUA TOTAL** 32 LITROS

APRONTE 23 LITROS | **BOA PARA CONSUMO** 4 SEMANAS | **ABV ESTIMADO** 5% | **ÍNDICE DE AMARGOR** 14,5 IBU | **CLASSIFICAÇÃO DE COR** 30,9 EBC

PARA A BRASSAGEM

ÁGUA 12,25 litros **TEMPO** 1h **TEMPERATURA** 65°C

Grãos do mosto	Quantidade
Malte de centeio	2,9 kg
Malte Munique	1,6 kg
Malte de trigo cristal	300 g
Malte carafa III especial	120 g

PARA A FERVURA

ÁGUA 27 litros **TEMPO** 1h15

Lúpulos	Quantidade	IBU	Quando adicionar
Hallertauer Hersbrucker 3,5%	31 g	11,7	No início da fervura
Hallertauer Hersbrucker 3,5%	15 g	2,8	Últimos 10 min de fervura
Tettnang 4,5%	15 g	-	Ao desligar
Outro			
Agente clarificante	1 colher (chá)		Últimos 15 min de fervura

PARA FERMENTAR

FERMENTAÇÃO 24°C **CONDICIONAMENTO** 3 semanas a 12°C

Levedura

Wyeast 3338 Bavarian

Leve e picante, esta cerveja de centeio tem notas cítricas refrescantes conferidas pelos lúpulos norte-americanos, complementados pelo final limpo da levedura alemã.

BEBA LOGO!

Rye beer

APRONTE 23 LITROS

BOA PARA CONSUMO 4 SEMANAS

ABV ESTIMADO 5,6%

ÍNDICE DE AMARGOR 25,5 IBU

CLASSIFICAÇÃO DE COR 9,8 EBC

PARA A BRASSAGEM

ÁGUA 13,75 litros **TEMPO** 1h **TEMPERATURA** 65°C

Grãos do mosto	Quantidade
Malte de centeio	3 kg
Malte pale	2,5 kg

PARA A FERVURA

ÁGUA 27 litros **TEMPO** 1h10

Lúpulos	Quantidade	IBU	Quando adicionar
Chinook 13,3%	18 g	25,5	No início da fervura
Amarillo 5%	50 g	-	Ao desligar
Outro			
Agente clarificante	1 colher (chá)		Últimos 15 min de fervura

PARA FERMENTAR

FERMENTAÇÃO 18°C **CONDICIONAMENTO** 3 semanas a 12°C

Levedura

Wyeast 2565 Kölsch

Lúpulo	Quantidade	Quando adicionar
Amarillo 5%	25g	Depois de 4 dias, deixar por cerca de 1 semana

A witbier é uma clássica cerveja turva de estilo belga. O sabor picante da semente de coentro e as notas de banana e casca de laranja distinguem esta "cerveja branca".

BEBA LOGO!

Witbier

DENSIDADE ORIGINAL 1045 **DENSIDADE FINAL ESPERADA** 1011 **ÁGUA TOTAL** 31,5 LITROS

APRONTE 23 LITROS | **BOA PARA CONSUMO** 4 SEMANAS | **ABV ESTIMADO** 4,5% | **ÍNDICE DE AMARGOR** 15,3 IBU | **CLASSIFICAÇÃO DE COR** 7,8 EBC

PARA A BRASSAGEM

ÁGUA 11,5 litros **TEMPO** 1h **TEMPERATURA** 65°C

Grãos do mosto	Quantidade
Malte de trigo	2,3 kg
Malte pale	2,3 kg

PARA A FERVURA

ÁGUA 27 litros **TEMPO** 1h10

Lúpulo	Quantidade	IBU	Quando adicionar
Saaz 4,2%	32 g	15,3	No início da fervura
Outros			
Agente clarificante	1 colher (chá)		Últimos 15 min de fervura
Casca de laranja amarga	25 g		Últimos 10 min de fervura
Sementes de coentro trituradas	25 g		Últimos 10 min de fervura

PARA FERMENTAR

FERMENTAÇÃO 24°C **CONDICIONAMENTO** 3 semanas a 12°C

Levedura

Wyeast 3944 Belgian witbier

VERSÃO COM EXTRATO DE MALTE

Adicione 2,7 kg de **extrato de malte de trigo seco** a 27 litros de água, leve à fervura e acrescente o lúpulo e outros ingredientes como especificado na receita principal.

DICA DO CERVEJEIRO

Verifique se há um bom espaço no alto do fermentador, porque a levedura cria uma espuma enorme durante a fermentação.

Esta cerveja alemã de trigo, apetitosa e cremosa, tem traços complexos de malte que se fundem bem com a mistura de sabores frutados da cepa mista da levedura.

BEBA LOGO!

Dunkelweizen

DENSIDADE ORIGINAL 1056 **DENSIDADE FINAL ESPERADA** 1014 **ÁGUA TOTAL** 32,5 LITROS

APRONTE 23 LITROS

BOA PARA CONSUMO 4 SEMANAS

ABV ESTIMADO 5,6%

ÍNDICE DE AMARGOR 15,3 IBU

CLASSIFICAÇÃO DE COR 29,5 EBC

PARA A BRASSAGEM

ÁGUA 13,5 litros **TEMPO** 1h **TEMPERATURA** 65°C

Grãos do mosto	Quantidade
Malte de trigo	2,7 kg
Malte Munique	2,3 kg
Malte Caramunich III	300 g
Malte Special B	300 g

PARA A FERVURA

ÁGUA 27 litros **TEMPO** 1h10

Lúpulo	Quantidade	IBU	Quando adicionar
Tettnang 4,5%	32 g	15,3	No início da fervura
Outro			
Agente clarificante	1 colher (chá)		Últimos 15 min de fervura

PARA FERMENTAR

FERMENTAÇÃO 22°C **CONDICIONAMENTO** 3 semanas a 12°C

Levedura

Wyeast 3056 Bavarian

Mais parecida com uma ale do que com a cerveja de trigo tradicional, tem o sabor e o perfil distintivos do trigo, mas com aroma e gosto intensamente cítricos.

Dark wheat beer

DENSIDADE ORIGINAL 1064 **DENSIDADE FINAL ESPERADA** 1015 **ÁGUA TOTAL** 33,5 LITROS

APRONTE 23 LITROS
BOA PARA CONSUMO 6 SEMANAS
ABV ESTIMADO 6,5%
ÍNDICE DE AMARGOR 44,1 IBU
CLASSIFICAÇÃO DE COR 28,8 EBC

PARA A BRASSAGEM

ÁGUA 16,25 litros **TEMPO** 1h **TEMPERATURA** 65°C

Grãos do mosto	Quantidade
Malte Viena	3 kg
Malte de trigo	2,6 kg
Malte biscuit	500 g
Trigo cristal	300 g
Malte Carafa I especial	100 g

PARA A FERVURA

ÁGUA 27 litros **TEMPO** 1h10

Lúpulos	Quantidade	IBU	Quando adicionar
Magnum 11%	40 g	44,1	No início da fervura
Willamette 6,3%	24 g	-	Ao desligar
Outro			
Agente clarificante	1 colher (chá)		Últimos 15 min de fervura

PARA FERMENTAR

FERMENTAÇÃO 18°C **CONDICIONAMENTO** 5 semanas a 12°C

Levedura
Wyeast 2565 Kölsch

Estilos mistos

As cervejas dessa categoria podem ser definidas como lagers, ales ou de trigo, embora às vezes compartilhem qualidades e técnicas de produção.

Fazem parte desse grupo as cervejas híbridas, que muitas vezes usam uma combinação dos métodos de fermentação da ale e da lager. A Kölsch *(p. 197)* é feita como ale, com levedura de alta fermentação, mas é condicionada no frio e tem o final limpo da lager. A Californian common *(p. 198)*, por outro lado, é produzida com levedura de lager, mas fermentada em temperaturas mais altas de ale.

SEJA CRIATIVO

Para o cervejeiro artesanal criativo, cervejas com ervas, temperos, frutas e até mesmo vegetais são perfeitas para experimentações. Use as receitas desta seção como ponto de partida para montar seu próprio repertório. Desde que escolha sabores complementares e use quantidades apropriadas, você pode produzir uma cerveja deliciosa a partir de inúmeros ingredientes naturais.

TRÊS CHAVES PARA O SUCESSO

- Adicione fruta ao fermentador depois que a fermentação primária estiver concluída – quando o álcool reduzirá a possibilidade de contaminação –, e não na panela de fervura, porque muitas das características da fruta se perderão se for fervida.
- Adicione ervas e especiarias à fervura, para que entrem na infusão, mas só por alguns minutos no final. Se ferverem por muito tempo, os sabores e aromas se perderão no cozimento e serão substituídos por características amargas, até adstringentes. Esses ingredientes podem também ser adicionados diretamente no fermentador depois que a fermentação primária estiver concluída.
- Menos é mais quando se trata de quantidades – o caráter sutil de ervas, especiarias, frutas ou vegetais é normalmente mais desejável do que a presença excessiva de um sabor.

Híbridas claras

Feitas com leveduras lager de baixa fermentação, mas fermentadas em temperaturas de ale, para criar o sabor encorpado da ale com final limpo da lager.

Aparência Depende do estilo; muitas vezes são pálidas, cristalinas, com colarinho branco duradouro.

Paladar Depende do estilo; em geral, limpo, com pouco amargor e final seco.

Aroma Em geral neutro, com pouco malte e presença de lúpulo.

Concentração 3,8-5,6% ABV

(EUA) Cream ales são cervejas híbridas norte-americanas populares, leves, cristalinas e muito refrescantes.

(AL) A Kölsch é leve, lupulada, límpida e produzida com levedura de alta fermentação. O nome é protegido e restrito a cerca de vinte cervejarias em Colônia, Alemanha.

pp. 196-7

Híbridas âmbar

Semelhantes às claras, mas produzidas com maltes tostados para um sabor mais intenso, são também conhecidas como bitter lagers.

- **Aparência** Marrom-claro a cobre intenso, normalmente bem cristalinas com boa retenção de espuma.
- **Paladar** Bastante amargas e maltadas, com final limpo e áspero.
- **Aroma** Levemente lupulado; aroma sutil de malte, conforme o estilo.
- **Concentração** 4,5-5,5% ABV

(AL) As Altbiers do norte da Alemanha – Dusseldorf, em particular – são típicas híbridas âmbar. O nome ("cerveja velha") se refere ao processo de produção em que a levedura ale é fermentada em temperaturas de lager.

pp. 198-201

Cervejas de ervas e especiarias

Use apenas pequenas quantidades desses ingredientes ao experimentar novos sabores.

- **Aparência** Normalmente claras, com a cor variando muito, dependendo da natureza dos ingredientes.
- **Paladar** Geralmente secas, com caráter sutil de ervas e especiarias.
- **Aroma** Pode ter lupulização suave, embora as ervas contribuam para o aroma dominante.
- **Concentração** 4-6% ABV

(GB) Fraoch, "urze" em gaélico, é um estilo único e antigo que foi produzido na Escócia durante milhares de anos.

pp. 202-5

Cervejas de frutas e vegetais

Frutas e vegetais conferem um sabor intenso e acrescentam personalidade a essas cervejas.

- **Aparência** Depende dos ingredientes usados; em geral são ligeiramente turvas.
- **Paladar** A fruta ou o vegetal adicionado fornecerá os sabores dominantes, embora devam ser sutis e equilibrados pelo amargor do lúpulo.
- **Aroma** Um aroma leve de lúpulo e malte pode complementar com perfeição o toque da fruta ou do vegetal.
- **Concentração** 4-6% ABV

(BE) Cervejas de trigo frutadas e lambics de cereja são populares na Bélgica. As de pera e framboesa também são comuns.

(EUA) Cerveja de abóbora é a favorita no outono, nos EUA; a pale ale produzida com pimenta também é popular.

pp. 206-11

BEBA LOGO!

Uma ale norte-americana clássica, esta cerveja é leve, vivaz e muito refrescante. Os aromas cítricos sutis são perfeitamente equilibrados pelo final limpo e neutro.

Cream ale

DENSIDADE ORIGINAL 1055 **DENSIDADE FINAL ESPERADA** 1014 **ÁGUA TOTAL** 32,5 LITROS

APRONTE 23 LITROS

BOA PARA CONSUMO 4 SEMANAS

ABV ESTIMADO 5,5%

ÍNDICE DE AMARGOR 19,8 IBU

CLASSIFICAÇÃO DE COR 9,6 EBC

PARA A BRASSAGEM

ÁGUA 13,75 litros **TEMPO** 1h **TEMPERATURA** 65°C

Grãos do mosto	Quantidade
Malte pale	5 kg
Flocos de milho	500 g

PARA A FERVURA

ÁGUA 27 litros **TEMPO** 1h10

Lúpulos	Quantidade	IBU	Quando adicionar
Centennial 8,5%	22 g	19,8	No início da fervura
Mount Hood 4,5%	33 g	-	Ao desligar
Outro			
Agente clarificante	1 colher (chá)		Últimos 15 min de fervura

PARA FERMENTAR

FERMENTAÇÃO 18°C

CONDICIONAMENTO 3 semanas a 12°C

Levedura

Wyeast 2112 California lager

A Kölsch é uma especialidade alemã de alta fermentação, como uma ale, e condicionada em temperaturas baixas, no modo da lager. Tem lúpulo sutil e floral e caráter limpo.

BEBA LOGO!

Kölsch

DENSIDADE ORIGINAL 1046 **DENSIDADE FINAL ESPERADA** 1011 **ÁGUA TOTAL** 31,5 LITROS

APRONTE 23 LITROS | **BOA PARA CONSUMO** 4 SEMANAS | **ABV ESTIMADO** 4,6% | **ÍNDICE DE AMARGOR** 25 IBU | **CLASSIFICAÇÃO DE COR** 7,2 EBC

PARA A BRASSAGEM

ÁGUA 11,25 litros **TEMPO** 1h **TEMPERATURA** 65°C

Grãos do mosto	Quantidade
Malte pilsen	4 kg
Malte Carapils	500 g

PARA A FERVURA

ÁGUA 27 litros **TEMPO** 1h10

Lúpulos	Quantidade	IBU	Quando adicionar
Spalt Select 4,5%	44 g	22,8	No início da fervura
Tettnang 4,5%	22 g	2,2	Últimos 5 min de fervura
Tettnang 4,5%	44 g	-	Ao desligar
Outro			
Agente clarificante	1 colher (chá)		Últimos 15 min de fervura

PARA FERMENTAR

FERMENTAÇÃO 18°C **CONDICIONAMENTO** 3 semanas a 12°C

Levedura

Wyeast 2565 Kölsch

VERSÃO COM EXTRATO DE MALTE

Faça uma infusão de 500 g de **malte Carapils** em 27 litros de água a 65°C, por 30 minutos. Retire o malte, adicione 2,5 kg de **extrato de malte seco extraclaro**, leve à fervura e acrescente os lúpulos como especificado na receita principal.

Esta é uma ale âmbar norte-americana, com final limpo de lager. Os sabores e aromas amadeirados e de menta vêm do lúpulo alemão Northern Brewer.

Californian common

DENSIDADE ORIGINAL 1052 **DENSIDADE FINAL ESPERADA** 1016 **ÁGUA TOTAL** 32 LITROS

APRONTE 23 LITROS

BOA PARA CONSUMO 6 SEMANAS

ABV ESTIMADO 4,8%

ÍNDICE DE AMARGOR 40,5 IBU

CLASSIFICAÇÃO DE COR 21,8 EBC

PARA A BRASSAGEM

ÁGUA 13 litros **TEMPO** 1h **TEMPERATURA** 65°C

Grãos do mosto	Quantidade
Malte pale	3,8 kg
Malte Viena	1 kg
Malte cristal	300 g
Malte chocolate	50 g

PARA A FERVURA

ÁGUA 27 litros **TEMPO** 1h10

Lúpulo	Quantidade	IBU	Quando adicionar
Northern Brewer 8%	41 g	36,3	No início da fervura
Northern Brewer 8%	14 g	4,2	Últimos 10 min de fervura
Northern Brewer 8%	41 g	-	Ao desligar
Outro			
Agente clarificante	1 colher (chá)		Últimos 15 min de fervura

PARA FERMENTAR

FERMENTAÇÃO 18°C **CONDICIONAMENTO** 5 semanas a 12°C

Levedura

Wyeast 2112 California lager

Este é um ótimo exemplo de uma típica altbier, ou "cerveja antiga", da Alemanha. É límpida, marrom-escura, relativamente amarga, com toque caramelizado de malte.

North German altbier

DENSIDADE ORIGINAL 1048 **DENSIDADE FINAL ESPERADA** 1012 **ÁGUA TOTAL** 32 LITROS

APRONTE 23 LITROS

BOA PARA CONSUMO 8 SEMANAS

ABV ESTIMADO 4,8%

ÍNDICE DE AMARGOR 34,7 IBU

CLASSIFICAÇÃO DE COR 26,5 EBC

PARA A BRASSAGEM

ÁGUA 13 litros **TEMPO** 1h **TEMPERATURA** 65°C

Grãos do mosto	Quantidade
Malte pilsen	2 kg
Malte pale	2 kg
Malte Caramunich III	500 g
Malte Carapils	300 g
Malte Carafa III especial	60 g

PARA A FERVURA

ÁGUA 27 litros **TEMPO** 1h10

Lúpulo	Quantidade	IBU	Quando adicionar
Magnum 11%	28 g	34,7	No início da fervura
Outro			
Agente clarificante	1 colher (chá)		Últimos 15 min de fervura

PARA FERMENTAR

FERMENTAÇÃO 12°C **CONDICIONAMENTO** 7 semanas a 3°C

Levedura

Wyeast 1007 German ale

VERSÃO COM EXTRATO DE MALTE

Faça uma infusão de 500 g de **malte Caramunich III**, 300 g de **malte Carapils** e 60 g de **malte Carafa III especial**, em 27 litros de água a 65°C, por 30 minutos. Retire o malte, adicione 2,5 kg de **extrato de malte seco extraclaro**, leve à fervura e acrescente os lúpulos como especificado na receita principal.

A Düsseldorf altbier é mais forte e mais amarga do que as altbiers produzidas em outras regiões. A fermentação fria e o repouso estendido produzem uma ale macia e sedosa.

Düsseldorf altbier

DENSIDADE ORIGINAL 1053 **DENSIDADE FINAL ESPERADA** 1013 **ÁGUA TOTAL** 32 LITROS

APRONTE 23 LITROS

BOA PARA CONSUMO 8 SEMANAS

ABV ESTIMADO 5,3%

ÍNDICE DE AMARGOR 49,7 IBU

CLASSIFICAÇÃO DE COR 22,1 EBC

PARA A BRASSAGEM

ÁGUA 13 litros **TEMPO** 1h **TEMPERATURA** 65°C

Grãos do mosto	Quantidade
Malte pilsen	4,8 kg
Malte light cristal	350 g
Malte preto	70 g

PARA A FERVURA

ÁGUA 27 litros **TEMPO** 1h10

Lúpulo	Quantidade	IBU	Quando adicionar
Spalt Select 4,5%	93 g	45,3	No início da fervura
Spalt Select 4,5 %	46 g	4,4	Últimos 5 min de fervura
Spalt Select 4,5%	50 g	-	Ao desligar
Outro			
Agente clarificante	1 colher (chá)		Últimos 15 min de fervura

PARA FERMENTAR

FERMENTAÇÃO 18°C **CONDICIONAMENTO** 7 semanas a 3°C

Levedura

Wyeast 1275 Thames Valley ale

VERSÃO COM EXTRATO DE MALTE

Faça uma infusão de 350 g de **malte light cristal** e 70 g de **malte preto** em 27 litros de água a 65°C, por 30 minutos. Retire o malte, adicione 3 kg de **extrato de malte seco extraclaro**, leve à fervura e acrescente os lúpulos como especificado na receita principal.

A combinação de coentro e limão nesta cerveja incomum é uma ótima surpresa. Com notas de especiarias e cítricos e aroma lupulado, harmoniza-se com pratos condimentados.

BEBA LOGO!

Spiced coriander and lime beer

DENSIDADE ORIGINAL 1050 **DENSIDADE FINAL ESPERADA** 1011 **ÁGUA TOTAL** 32 LITROS

APRONTE 23 LITROS
BOA PARA CONSUMO 4 SEMANAS
ABV ESTIMADO 5,1%
ÍNDICE DE AMARGOR 37,1 IBU
CLASSIFICAÇÃO DE COR 9 EBC

PARA A BRASSAGEM

ÁGUA 12,5 litros **TEMPO** 1h **TEMPERATURA** 65°C

Grãos do mosto	Quantidade
Malte pale	4 kg
Malte Carapils	500 g
Malte de trigo	500 g

PARA A FERVURA

ÁGUA 27 litros **TEMPO** 1h10

Lúpulos	Quantidade	IBU	Quando adicionar
Magnum 16%	20 g	35,4	No início da fervura
Liberty 4,5%	10 g	1,7	Últimos 10 min de fervura
Liberty 4,5%	30 g	-	Ao desligar
Outros			
Agente clarificante	1 colher (chá)		Últimos 15 min de fervura
Sementes de coentro trituradas	25 g		Últimos 10 min de fervura

PARA FERMENTAR

FERMENTAÇÃO 18°C **CONDICIONAMENTO** 2 semanas a 12°C

Levedura
White Labs WLP001 California ale

Lúpulo/outros	Quantidade	Quando adicionar
Styrian Golding Bobek	50 g	Depois de 4 dias, deixe por cerca de 1 semana
Capim-limão seco amassado	4 folhas	Como acima
Folhas de limão kaffir secas	5 g	Como acima
Gengibre ralado	50 g	Como acima

Tradicionalmente produzida apenas com ramos de abeto e melado, esta versão moderna mantém o caráter resinoso da árvore, mas resulta em uma ale mais arredondada.

Spruce beer

DENSIDADE ORIGINAL 1051 **DENSIDADE FINAL ESPERADA** 1014 **ÁGUA TOTAL** 32 LITROS

APRONTE 23 LITROS

BOA PARA CONSUMO 6 SEMANAS

ABV ESTIMADO 4,8%

ÍNDICE DE AMARGOR 25 IBU

CLASSIFICAÇÃO DE COR 15,5 EBC

PARA A BRASSAGEM

ÁGUA 12,75 litros **TEMPO** 1h **TEMPERATURA** 65°C

Grãos do mosto	Quantidade
Malte pale	4,4 kg
Malte Caramalt	500 g
Trigo cristal	200 g

PARA A FERVURA

ÁGUA 27 litros **TEMPO** 1h10

Lúpulo	Quantidade	IBU	Quando adicionar
Magnum 16%	14 g	25	No início da fervura
Magnum 16%	7 g	-	Ao desligar
Outros			
Ramos de abeto	150 g		No início da fervura
Agente clarificante	1 colher (chá)		Últimos 15 min de fervura

PARA FERMENTAR

FERMENTAÇÃO 18°C **CONDICIONAMENTO** 4 semanas a 12°C

Levedura

White Labs WLP013 London ale

Lúpulo	Quantidade	Quando adicionar
Apollo 19,5%	50 g	Depois de 4 dias, deixe por cerca de 1 semana

Turva e picante, esta cerveja é semelhante à de trigo belga, mas tem final seco, com mel. Sabores de cravo, laranja e sementes de coentro a tornam única e refrescante.

BEBA LOGO!

Spiced honey beer

DENSIDADE ORIGINAL 1051 **DENSIDADE FINAL ESPERADA** 1009 **ÁGUA TOTAL** 32 LITROS

APRONTE 23 LITROS
BOA PARA CONSUMO 4 SEMANAS
ABV ESTIMADO 5,6%
ÍNDICE DE AMARGOR 11,6 IBU
CLASSIFICAÇÃO DE COR 9,1 EBC

PARA A BRASSAGEM

ÁGUA 11 litros **TEMPO** 1h **TEMPERATURA** 65°C

Grão do mosto	Quantidade
Malte pale	4,4 kg

PARA A FERVURA

ÁGUA 27 litros **TEMPO** 1h10

Lúpulo	Quantidade	IBU	Quando adicionar
Hallertauer Hersbrucker 4,1%	22 g	10,6	No início da fervura
Hallertauer Hersbrucker 4,1%	5 g	0,9	Últimos 5 min de fervura
Hallertauer Hersbrucker 4.1%	6 g	0,1	Último min de fervura

Outros		Quando adicionar
Agente clarificante	1 colher (chá)	Últimos 15 min de fervura
Sementes de coentro trituradas	38 g	Últimos 10 min de fervura
Casca de laranja amarga	16 g	Últimos 10 min de fervura
Mel	500 g	Últimos 10 min de fervura

PARA FERMENTAR

FERMENTAÇÃO 24°C **CONDICIONAMENTO** 3 semanas a 12°C

Levedura
Wyeast 3068 Weihenstephan Weizen

VERSÃO COM EXTRATO DE MALTE

Adicione 2,7 kg de **extrato de malte seco extraclaro** a 27 litros de água, leve à fervura e adicione os lúpulos como especificado na receita principal.

BEBA LOGO!

Mais semelhante a uma ale com adição de gengibre do que a uma cerveja de gengibre tradicional, seu caráter picante é complementado pelas qualidades cítricas do lúpulo Galaxy.

Ginger beer

DENSIDADE ORIGINAL 1045 **DENSIDADE FINAL ESPERADA** 1011 **ÁGUA TOTAL** 32,5 LITROS

APRONTE 23 LITROS **BOA PARA CONSUMO** 4 SEMANAS **ABV ESTIMADO** 4,5% **ÍNDICE DE AMARGOR** 25 IBU **CLASSIFICAÇÃO DE COR** 6,3 EBC

PARA A BRASSAGEM

ÁGUA 13,75 litros **TEMPO** 1h **TEMPERATURA** 65°C

Grãos do mosto	Quantidade
Malte lager	3,5 kg
Flocos de milho	1 kg

PARA A FERVURA

ÁGUA 27 litros **TEMPO** 1h10

Lúpulo	Quantidade	IBU	Quando adicionar
Galaxy 14,4%	14 g	22,9	No início da fervura
Galaxy 14,4%	7 g	2,1	Últimos 5 min de fervura
Galaxy 14,4%	20 g	-	Ao desligar
Outros			
Agente clarificante	1 colher (chá)		Últimos 15 min de fervura
Gengibre ralado	150 g		Últimos 5 min de fervura

PARA FERMENTAR

FERMENTAÇÃO 18°C **CONDICIONAMENTO** 3 semanas a 12°C

Levedura

Wyeast 1028 London ale

DICA DO CERVEJEIRO

Para dar à cerveja pronta um sabor mais intenso e estimulante, adicione mais gengibre ralado – até 300 g – à fervura.

A adição de framboesa à fermentação deixa irresistível esta cerveja de trigo de estilo belga. Excelente para o verão, é capaz de converter até quem não gosta de cerveja.

BEBA LOGO!

Raspberry wheat beer

DENSIDADE ORIGINAL 1050 **DENSIDADE FINAL ESPERADA** 1012 **ÁGUA TOTAL** 32 LITROS

APRONTE	**BOA PARA CONSUMO**	**ABV ESTIMADO**	**ÍNDICE DE AMARGOR**	**CLASSIFICAÇÃO DE COR**
23 LITROS	4 SEMANAS	5,1%	15,3 IBU	7,2 EBC

PARA A BRASSAGEM

ÁGUA 12,5 litros **TEMPO** 1h **TEMPERATURA** 65°C

Grãos do mosto	Quantidade
Malte lager	2,7 kg
Malte de trigo	2,3 kg

PARA A FERVURA

ÁGUA 27 litros **TEMPO** 1h10

Lúpulo	Quantidade	IBU	Quando adicionar
Challenger 7%	20 g	15	No início da fervura
Outro			
Agente clarificante	1 colher (chá)		Últimos 15 min de fervura

PARA FERMENTAR

FERMENTAÇÃO 22°C **CONDICIONAMENTO** 2 semanas a 12°C

Levedura

Wyeast 1010 American wheat

Outro	Quantidade	Quando adicionar
Framboesa	2,5 kg	Depois de 2 dias, deixe por cerca de 1 semana

DICA DO CERVEJEIRO

Substitua framboesas congeladas por frescas, se preferir – elas agem do mesmo modo.

VERSÃO COM EXTRATO DE MALTE

Adicione 3 kg de **extrato de malte seco claro** a 27 litros de água, leve à fervura e adicione os lúpulos como especificado na receita principal.

BEBA LOGO!

As frutas frescas presentes nesta deliciosa cerveja de verão acrescentam um sabor sutil e seco de morango, que não fica tão doce ou marcante quanto se imagina.

Strawberry beer

DENSIDADE ORIGINAL 1044 **DENSIDADE FINAL ESPERADA** 1010 **ÁGUA TOTAL** 33 LITROS

APRONTE 23 LITROS | **BOA PARA CONSUMO** 4 SEMANAS | **ABV ESTIMADO** 4,4% | **ÍNDICE DE AMARGOR** 18,4 IBU | **CLASSIFICAÇÃO DE COR** 8 EBC

PARA A BRASSAGEM

ÁGUA 14,5 litros **TEMPO** 1h **TEMPERATURA** 65°C

Grãos do mosto	Quantidade
Malte lager	3,4 kg
Malte Munique	750 g
Malte de trigo torrado	250 g

PARA A FERVURA

ÁGUA 27 litros **TEMPO** 1h10

Lúpulos	Quantidade	IBU	Quando adicionar
Challenger 7%	20 g	16,2	No início da fervura
Styrian Golding Celeia 5,5%	10 g	2,2	Últimos 10 min de fervura
Styrian Golding Celeia 5,5%	30 g	-	Ao desligar

Outro	Quantidade	Quando adicionar
Agente clarificante	1 colher (chá)	Últimos 15 min de fervura

PARA FERMENTAR

FERMENTAÇÃO 18°C **CONDICIONAMENTO** 2 semanas a 12°C

Levedura
White Labs WLP001 California ale

Outro	Quantidade	Quando adicionar
Morango	3,5 kg	Depois de 4 dias, deixe por cerca de 1 semana

O kiwi nesta witbier de estilo neozelandês adiciona notas cítricas e confere uma distinção marcante. Os sabores complexos são incomuns, mas satisfatórios.

Kiwi wheat beer

DENSIDADE ORIGINAL 1055 **DENSIDADE FINAL ESPERADA** 1013 **ÁGUA TOTAL** 32,5 LITROS

APRONTE 23 LITROS | **BOA PARA CONSUMO** 6 SEMANAS | **ABV ESTIMADO** 5,5% | **ÍNDICE DE AMARGOR** 22,4 IBU | **CLASSIFICAÇÃO DE COR** 7,7 EBC

PARA A BRASSAGEM

ÁGUA 13,75 litros **TEMPO** 1h **TEMPERATURA** 65°C

Grãos do mosto	Quantidade
Malte lager	3 kg
Malte de trigo	2,5 kg

PARA A FERVURA

ÁGUA 27 litros **TEMPO** 1h10

Lúpulos	Quantidade	IBU	Quando adicionar
Challenger 7%	30 g	22,4	No início da fervura
Styrian Golding Celeia 5,5%	20 g	-	Ao desligar

Outros		Quando adicionar
Agente clarificante	1 colher (chá)	Últimos 15 min de fervura
Sementes de coentro trituradas	25 g	Últimos 5 min de fervura

PARA FERMENTAR

FERMENTAÇÃO 22°C **CONDICIONAMENTO** 4 semanas a 12°C

Levedura

Wyeast 3463 Forbidden fruit

Outro	Quantidade	Quando adicionar
Kiwi descascado e fatiado	1,5 kg	Depois de 4 dias, por cerca de 1 semana

VERSÃO COM EXTRATO DE MALTE

Adicione 2,8 kg de **extrato de malte seco claro** a 27 litros de água, leve à fervura e adicione o lúpulo e outros ingredientes como especificado na receita principal.

Produzida na América colonial, como alternativa às cervejas de malte, esta ale sazonal é sutilmente condimentada, para complementar o sabor peculiar da abóbora.

Pumpkin ale

DENSIDADE ORIGINAL 1050 **DENSIDADE FINAL ESPERADA** 1012 **ÁGUA TOTAL** 32 LITROS

APRONTE 23 LITROS

BOA PARA CONSUMO 6 SEMANAS

ABV ESTIMADO 5,2%

ÍNDICE DE AMARGOR 22,8 IBU

CLASSIFICAÇÃO DE COR 15,7 EBC

PARA A BRASSAGEM

ÁGUA 12,5 litros **TEMPO** 1h **TEMPERATURA** 65°C

Grãos do mosto	Quantidade
Malte pale	3,4 kg
Malte Munique	1 kg
Malte de trigo	500 g
Malte Special B	100 g

1 abóbora grande (cerca de 10 kg) previamente assada por 1 hora, cortada em cubos e adicionada ao mosto com os grãos.

PARA A FERVURA

ÁGUA 27 litros **TEMPO** 1h10

Lúpulos	Quantidade	IBU	Quando adicionar
Magnum 16%	12 g	21,8	No início da fervura
Hallertauer Mittelfrüh 5%	9 g	1	Últimos 5 min de fervura
Outros			
Agente clarificante	1 colher (chá)		Últimos 15 min de fervura
Canela em pau	1 unidade		Últimos 5 min de fervura
Gengibre ralado	½ colher (chá)		Últimos 5 min de fervura
Fava de baunilha	½ unidade		Últimos 5 min de fervura
Cravo moído	2 unidades		Últimos 5 min de fervura

PARA FERMENTAR

FERMENTAÇÃO 18°C **CONDICIONAMENTO** 5 semanas a 12°C

Levedura

White Labs WLP001 California ale

BEBA LOGO!

Antes do lúpulo, a urtiga era usada para dar sabor à cerveja, e esta tem o melhor dos dois mundos – o picante terroso da urtiga e as notas florais e cítricas do lúpulo.

Nettle beer

DENSIDADE ORIGINAL 1041 **DENSIDADE FINAL ESPERADA** 1010 **TOTAL ÁGUA** 31 LITROS

APRONTE 23 LITROS | **BOA PARA CONSUMO** 4 SEMANAS | **ABV ESTIMADO** 4% | **ÍNDICE DE AMARGOR** 25 IBU | **CLASSIFICAÇÃO DE COR** 9,3 EBC

PARA A BRASSAGEM

ÁGUA 10 litros **TEMPO** 1h **TEMPERATURA** 65°C

Grãos do mosto	Quantidade
Malte pale	3 kg
Malte Munique	1 kg

PARA A FERVURA

ÁGUA 27 litros **TEMPO** 1h10

Lúpulos	Quantidade	IBU	Quando adicionar
Fuggle 4,5%	38 g	20,1	No início da fervura
Willamette 6,3%	19 g	4,9	Últimos 10 min de fervura
Styrian Golding Celeia 5,5%	19 g	-	Ao desligar
Outros			
Ramos de urtiga fresca picados	100 g		No início da fervura
Agente clarificante	1 colher (chá)		Últimos 15 min de fervura

PARA FERMENTAR

FERMENTAÇÃO 18°C

CONDICIONAMENTO 3 semanas a 12°C

Levedura

Wyeast 1275 Thames Valley ale

Informações úteis

PERGUNTAS MAIS FREQUENTES

1) Como posso aumentar o teor alcoólico da minha cerveja?

Resposta simples: adicione mais açúcar. Durante a fermentação, a levedura fermentará o açúcar adicional e produzirá mais álcool como subproduto. É melhor usar o extrato de malte seco (DME), que introduzirá álcool adicional sem aumentar a doçura da cerveja. É conveniente não se esquecer de que a levedura só será capaz de fermentar eficazmente certa quantidade extra de DME ou de açúcar. Por isso, siga estas orientações para um lote de 23 litros:

- 500 g de DME aumentará o ABV em cerca de 0,5%
- 1 kg de DME aumentará o ABV em cerca de 1%
- 500 g de açúcar mascavo aumentará o ABV em cerca de 0,9%
- 500 g de melado aumentará o ABV em cerca de 0,7%
- 1 kg de mel aumentará o ABV em cerca de 0,7%

2) Por que a densidade original (OG) ficou mais baixa do que o esperado?

Há três causas prováveis para isso:

- Você adicionou muita água a uma receita de kit ou de extrato de malte. Em receitas de all-grain, a OG menor indica que a eficácia da brassagem está baixa.
- Você não mexeu adequadamente o mosto depois de adicionar a água a uma receita de kit ou de extrato de malte. Isso deixa todos os açúcares no fundo do fermentador, o que faz a densidade ficar muito baixa na superfície.
- O mosto pré-fermentado estava muito frio ou muito quente quando você fez a leitura de densidade. Os hidrômetros são calibrados para fazer leituras quando o mosto está em determinada temperatura – em geral, 20°C. Por isso, se estiver mais frio ou mais quente do que isso, o resultado não será preciso.

3) Quanto tempo minha cerveja vai durar?

Desde que a cerveja não oxide ao ser engarrafada ou colocada em barril, deverá durar vários meses. Muitos estilos se beneficiam com o envelhecimento.

4) Como fico sabendo que a cerveja começou a fermentar?

Forma-se uma espuma espessa no alto – em geral dentro de 24 horas da inoculação da levedura. Isso é normal e protege a cerveja durante a fermentação. O melhor modo de verificar como a fermentação está progredindo é fazer a leitura do hidrômetro e ver se está abaixo da densidade original. Se a cerveja começar a fermentar 48 horas depois, verifique se está na temperatura correta e corrija, se necessário. Se a temperatura estiver correta, então será necessário inocular mais levedura.

5) Por que minha cerveja ficou choca?

A cerveja fica choca quando há pouca adição de açúcar de priming antes do engarrafamento ou da colocação em barril, ou porque o açúcar de priming não foi capaz de fermentar em decorrência da temperatura de armazenamento inadequada. Se você estiver armazenando a cerveja em barril, tente adicionar dióxido de carbono. Se a cerveja ainda continuar choca, verifique se há vazamentos em torno da tampa.

TABELA DE CONVERSÃO

Volume

As receitas deste livro produzem cerca de 23 litros (cerca de 40 pints ou 5 galões imperiais, pela medida inglesa; cerca de 48 pints ou 6 galões pela medida americana).

Para converter:

Litros para pints (imperial):	x 1,76
Litros para pints (EUA):	x 2,11
Litros para galões (imperial):	x 0,22
Litros para galões (EUA):	x 0,26

(Para fazer a conversão inversa, divida a medida pelos números mostrados na coluna da direita.)

Densidade

Para converter:

Gramas para onças:	x 0,035
Quilos para libras:	x 2,205

(Para fazer a conversão inversa, divida a medida pelos números mostrados na coluna da direita.)

FÓRUNS ON-LINE

www.acervapaulista.com.br/forum/
Fórum da Associação dos Cervejeiros Artesanais Paulistas.

http://www.homebrewtalk.com.br/forum.php
Fórum que reúne brasileiros interessados em produzir cerveja artesanal.

www.jimsbeerkit.co.uk
Fórum do Reino Unido sobre cerveja artesanal, com bons conselhos.

www.homebrewtalk.com
Fórum sobre cerveja artesanal muito popular nos EUA.

SITES ÚTEIS

www.lamasbier.com.br
Fornecedora de insumos, também mantém um blog com muita informação.

www.sinnatrah.com.br
Site com loja virtual da cervejaria-escola.

www.yeastcalculator.com
Calculadora de leveduras.

www.brewersfriend.com
Ferramentas de cálculo e espaço para postar receitas, listas de compras etc.

www.mrmalty.com
Recurso útil para a produção de cerveja, especialmente para substituições de leveduras e cálculo de starter de levedura.

www.beersmith.com
Oferece software e informações adicionais.

www.beerlabelizer.com
Fornece uma série de modelos que permitem a customização e a criação dos rótulos de sua cerveja.

GLOSSÁRIO

Ácido alfa A fonte do amargor da cerveja; derivado do lúpulo durante a fervura.

Adjunto Ingrediente fermentável que não precisa de *enzimas* para produzir açúcares.

Aeração Introdução de oxigênio à solução, para ajudar a fermentar.

Agitação Ação de mexer ou misturar; usada normalmente para levar a levedura de volta à suspensão.

Airlock Pequeno dispositivo com válvula que permite ao dióxido de carbono escapar do fermentador sem que entre ar.

Álcool por peso (APP) Concentração de álcool medida como porcentagem de álcool por peso de cerveja.

Álcool por volume (ABV) Concentração de álcool medida como porcentagem de volume de álcool por volume de cerveja.

Ale Qualquer cerveja produzida com levedura de alta fermentação.

All-grain Qualquer cerveja produzida com malte de cevada moído.

Amido Forma de energia armazenada pela maioria das plantas.

Atenuação A diminuição da *densidade* do *mosto* conforme a levedura transforma açúcar em álcool.

Atenuação aparente A porcentagem de açúcares que foram fermentados durante a fermentação. É igual à *densidade original* menos a *densidade final* dividida pela densidade original. A maioria das cervejas tem atenuação aparente de 60-80%.

Brassagem Maceração do *malte* em água quente para permitir a quebra de enzimas dos grãos em açúcares solúveis fermentáveis.

Carbonatação O processo pelo qual o dióxido de carbono é incorporado à cerveja.

Clarificantes Ingredientes adicionados à cerveja para ajudar a remover as proteínas e células de levedura, tornando-a capaz de clarificar mais rapidamente.

Corpo A sensação da plenitude de uma cerveja na boca.

Decocção Método de *brassagem* em que uma parte do mosto é retirada e fervida separadamente antes de voltar para o tonel para aumentar a temperatura.

Densidade Densidade de uma solução comparada com água.

Densidade final (FG) A *densidade* da cerveja quando a fermentação está completa.

Densidade original (OG) Densidade do *mosto* antes da fermentação.

Diacetil Subproduto da fermentação que produz sabores e aromas amanteigados ou caramelizados.

Dry hopping Processo de adição de lúpulo seco ao fermentador durante a fermentação.

Enzimas Catalisadores à base de proteína que produzem mudanças nas substâncias em que estão presentes.

Ésteres Componentes dos sabores frutados que são produzidos pela levedura durante o processo de fermentação.

Esterilização Processo de eliminação de bactérias indesejáveis.

European Brewery Convention (EBC) Medida de cor de maltes e cervejas – quanto mais alto for o número, mais escura será a cor.

Extrato Substância solúvel normalmente criada a partir da cevada maltada ou de *adjuntos*.

Extrato de malte Solução doce e açucarada criada durante a *brassagem* em forma concentrada.

Faixa de temperatura Temperatura-alvo para *brassagem*, assim que a água e os grãos tiverem sido bem misturados.

Fermentação fechada Fermentação em recipiente hermético, em geral equipado com *airlock*.

Fermentação primária O estágio mais ativo da fermentação, quando a levedura está convertendo os açúcares no *mosto* em álcool e dióxido de carbono.

Fração escoada Parte do líquido produzido durante a *brassagem*.

Garrafão Recipiente usado para fermentar a cerveja armazenada. Normalmente é feito de vidro.

Germinação Parte do processo de maltagem em que as sementes começam a brotar.

Grist Mistura de grãos moídos usados para a *brassagem*.

Hidrômetro Dispositivo usado para medir a *densidade*.

Ictiocola Substância semelhante à gelatina adicionada à cerveja como agente clarificante.

Inoculação Processo de adicionar a levedura ao *mosto* no fermentador para dar início à *fermentação primária*.

International Bitterness Units (IBU) Unidade-padrão para medir a concentração de ácidos alfa no lúpulo.

Intervalo Período de crescimento da levedura depois da inoculação e antes que a fermentação comece.

Krausen Espuma espessa que se forma durante os primeiros estágios da fermentação.

Lager Qualquer cerveja produzida com levedura de baixa fermentação, normalmente em baixas temperaturas.

Lovibond Unidade de medida de cor, comumente usada antes da introdução dos padrões da EBC e do *SRM*.

Maltagem O processo em que grãos (normalmente de cevada) são transformados em *malte*.

Malte Grão (normalmente de cevada) umedecido, germinado e seco em estufa durante a *maltagem*.

Malte verde *Malte* que foi umedecido e germinou antes do aquecimento.

Maltose Açúcar criado durante a *brassagem*, que é então consumido pela levedura durante a fermentação.

Modificação Grau a que o *malte* foi convertido para ficar pronto para a *brassagem*.

Mosto Solução açucarada, antes da inoculação da levedura, que se transformará em cerveja.

Musgo-de-irlanda Um tipo de clarificante que estimula as proteínas no *mosto* a irem para o fundo, saindo da suspensão durante a fervura e o resfriamento.

Pellets de lúpulo Flores de lúpulo secas, em pó, comprimidas em forma de pellets.

pH Unidade usada para medir a acidez ou a alcalinidade de uma solução em uma escala de 1-14, em que 1 é o mais ácido, e 14, o mais alcalino.

Priming Processo de adicionar açúcar à cerveja antes do engarrafamento ou da colocação em barris, para aumentar a gaseificação. O açúcar fermenta e cria dióxido de carbono, que se dissolve na cerveja.

Protofloc Agente clarificante semelhante ao *musgo-de--irlanda*.

Real ale Qualquer cerveja servida diretamente do barril, sem a introdução de dióxido de carbono.

Ruptura fria Proteínas no *mosto* que se aglomeram e descem ao fundo, saindo da suspensão, quando ele é resfriado rapidamente.

Ruptura quente Proteínas que se aglomeram e descem para o fundo, saindo da suspensão, durante a fervura.

Sparging Processo de enxágue dos açúcares do grão depois da *brassagem*.

Standard Reference Method (SRM) Escala de cor alternativa ao método *EBC*.

Starter Pequeno lote de levedura de fermentação, normalmente criado antes da *inoculação*, que aumenta o número total de células de levedura.

Tanino Elemento adstringente normalmente encontrado em cascas de grãos e em flores de lúpulo.

Trasfega Processo de transferência de líquido de um recipiente para outro.

Trub Camada de sedimento que se forma no fundo do fermentador, consistindo principalmente de proteínas e células mortas de levedura.

Turbidez a frio Turbidade causada pelas proteínas presentes no *mosto*, que se forma na fervura e no resfriamento e é perceptível na cerveja pronta, quando resfriada.

Válvula do fermentador Ver *airlock*.

Índice

Os números de página em *itálico* indicam receitas. Instruções para o uso das receitas são fornecidas nas pp. 78-9.

D

E

H

I

J

K

L

M

N

O

P

R

S

Sobre o autor

Greg Hughes é um cervejeiro caseiro experiente, membro destacado da indústria de cerveja artesanal, coproprietário e fundador da BrewUK, um dos maiores varejistas on-line de cerveja artesanal e websites comunitários. Ele organiza competições nacionais em parceria com algumas das principais cervejarias comerciais do Reino Unido e incentiva os cervejeiros artesanais de todos os níveis a melhorar sua habilidade por meio de apoio e desenvolvimento contínuo de produtos. Com experiência na fabricação caseira de cerveja, Greg especializou-se na produção de inúmeros estilos de ale.

Agradecimentos

O autor gostaria de agradecer: meu enorme obrigado a minha esposa, Tanya, e a meus filhos, Rico e Macy. Sem o apoio deles durante as longas horas passadas na garagem produzindo cervejas, este livro nunca teria sido possível.

A DK gostaria de agradecer: a Phil Robins, da Longdog Brewery, por conferir as receitas; a Tony Briscoe e Ian O'Leary, pela parte fotográfica; a Wei Tang, pela produção de fotos; a Kate Fenton, pela assistência em design; a Chris Mooney e Elizabeth Clinton, pela assistência editorial; e a Jane Bamforth, pela revisão das provas.

Créditos de imagens: p. 14, à direita, embaixo: de uma xilogravura do século XVI, de J. Ammon, publicada anteriormente em *The brewer's art*, de B. Meredith Brown.

Todas as outras ilustrações © Dorling Kindersley.
Para mais informações: **www.dkimages.com**

Atenção: por favor, tome cuidado ao seguir as instruções deste livro, especialmente ao ferver e transferir grandes quantidades de líquido. A editora não se responsabiliza por nenhum acidente que possa resultar da execução das instruções contidas neste livro.